Caroline Bohn

Wenn die Welt plötzlich Kopf steht

Das Buch

Die Gefühle sind im Wandel und innerlich herrscht Aufruhr. Und dabei stehen familiäre Veränderungen, berufliche Umbrüche, neue Lebensentwürfe, die Wechseljahre, das eigene Älterwerden an. Wie können Frauen mit der Sehnsucht nach Rückzug, erhöhter Empfindsamkeit, mit der neuen Unruhe, aber auch den Versprechungen eines Neuanfangs gut umgehen? – Caroline Bohn weist Leserinnen einen Weg durch die Gefühlswelt in der Lebensmitte und gibt Impulse, wie Frauen in dieser Zeit gut für sich sorgen können.

Die Autorin

Dr. phil. Caroline Bohn,
hat Sozialpädagogik, Erziehungswissenschaft und Soziologie studiert. Als systemische Coachin führt sie seit 1998 Einzelberatung und Seminare für Frauen durch und hält bundesweit Vorträge.
Weitere Informationen über sie und ihre Arbeit:
www.institutbohn.de

Caroline Bohn

Wenn die Welt plötzlich Kopf steht

Gefühle in der Lebensmitte

HERDER

FREIBURG · BASEL · WIEN

HERDER spektrum Band 6781

In Liebe und stiller Erinnerung an
Thomas Bohn

FSC
www.fsc.org
MIX
Papier aus verantwortungsvollen Quellen
FSC® C083411

Originalausgabe erschienen unter dem Titel
„Entdecken, was wirklich zählt"

ISBN 978-3-451-61053-0

www.herder.de

Umschlaggestaltung: Designbüro Gestaltungssaal
Umschlagmotiv: © shutterstock

Satz: de·te·pe, Aalen
Herstellung: CPI books GmbH, Leck

Printed in Germany

ISBN 987-3-451-06781-5

Inhalt

Vorwort 7

Teil I: Wenn die Welt plötzlich kopfsteht 11
Veränderungen wühlen auf 11
Übergangsphasen – Leben im Schwebezustand 13
Der erste Impuls – oder: Wie alles beginnt 17
Die Themen: Familie, Job und Freizeit 19

Teil II: Die große Welt der Gefühle 21
Von Selbstansprüchen und Werten 28

Teil III: Was sind das für Gefühle und wie gehe ich damit um? 41
1. Selbstzweifel: Das Gefühl, nicht richtig zu sein 43
2. Überrumpelungsfalle: Das Gefühl, ständig zu tun, was andere wollen 55
3. Sehnsucht nach Rückzug: Das Gefühl, viel mehr Ruhe und Zeit für sich zu brauchen 66
4. Empfindsam und empfindlich: Das Gefühl der tausendfach geschärften Sinne 79
5. Sexualität – im Moment, nein Danke: Das Gefühl einer veränderten Körperlichkeit 92
6. Einladungen und Treffen? Ohne mich: Das Gefühl »Ich möchte nicht« 106
7. Unruhe und Getriebenheit: Das Gefühl der Hamsterfrau im Rad 119

8. Sorgen und Gedankenkreisen: Das Gefühl, für alles verantwortlich zu sein 133
9. Altern? Ja, aber bitte mit Würde: Das Gefühl vor einer Reise durch ein unbekanntes Land 146
10. Neuanfang? – Ein verlockender Gedanke: Das Gefühl »Jetzt will ich es wagen« 160

Zum Schluss 173

Mein inniger Dank gilt 176
Empfehlungen und Hinweise 177
Literatur 179

Vorwort

Sie stellen gerade Ihr ganzes Leben infrage? Sie fühlen sich ständig unruhig und getrieben? Sie sehnen sich nach Ruhe und Rückzug? Sie sind zurzeit unglaublich empfindlich? Vermutlich sind Sie in einem Alter um die 40, 45 Jahre oder auch älter. Dann ist dieses Buch genau richtig für Sie. Warum? Weil sich gerade in der Mitte des Lebens vieles verändert – aber vor allem Ihr Gefühlsleben.

Vielleicht merken Sie: Was sonst immer in Ordnung war, ist nun auf einmal nicht mehr im Lot. Und das, was Sie bisher toleriert haben, wollen Sie sich nun nicht mehr gefallen lassen. Sie spüren, wie Ihre Gefühlswelt immer stärker in den Mittelpunkt rückt und Sie immer öfter unzufrieden sind. Möglicherweise wundert Sie dieses seltsame Innenleben und Sie fragen sich: »Sind das vielleicht schon die Wechseljahre?« Schließlich zieht sich die Zeit bis zur Menopause ja eine ganze Weile hin. Nur wie lange? Und wann beginnt sie eigentlich genau? Oder gehören Sie zu den Frauen, die gar nicht weiter nachfragen, sondern einfach nur denken: »Hoffentlich ist dieses heillose Durcheinander bloß bald vorbei.«

Aus meiner Arbeit weiß ich, dass viele Frauen in der Lebensmitte sehr verunsichert sind. Da tauchen Fragen auf wie: »Was ist nur los mit mir? Warum fühle ich mich auf einmal so anders? Warum bin ich so oft gereizt und angespannt? Und weshalb bin ich bloß so häufig niedergeschlagen und erschöpft?« Die meisten wissen darauf keine

Antwort. Dabei sind dies die Vorboten der Gefühlsveränderungen, die sich in der Mitte des Lebens einstellen. Und ja, auch wenn es seltsam für Sie klingt: Ab 40, 45 Jahren sind Sie in der Lebensmitte.

In dieser Zeit vollziehen sich auch hormonelle Veränderungen, die für manche Frauen zu mehr oder weniger starken körperlichen Beschwerden führen. Was allerdings viel zu wenig beachtet wird: Auch unsere Gefühle wandeln sich – und das oft mit erheblichen Turbulenzen. Die enorme Veränderung der Gefühlswelt wird jedoch erstaunlicherweise im Zusammenhang mit dem Thema Wechseljahre oft nur am Rande diskutiert. Dabei geraten doch gerade jetzt die Emotionen in Wallung.

»Lebensmitte? Da geht es mit den Gefühlen doch erst richtig los«, brachte es eine Frau aus meinem Coaching auf den Punkt. Denn die eigene Gefühlswelt wird in dieser Zeit von vielen Frauen besonders intensiv und oft überwältigend erlebt. Geringste Ereignisse bekommen auf einmal eine viel größere Bedeutung als bisher. Und von jetzt auf gleich braust die Stimmung unkontrolliert nach oben oder rutscht unerklärlich in den Keller. Die Gefühle nehmen nun insgesamt viel mehr Raum ein. Und obwohl das für viele Frauen sehr belastend ist, werden sie mit ihren Problemen und Sorgen in dieser Zeit ziemlich alleine gelassen. Vielleicht erleben Sie das ähnlich. Haben Sie auch hin und wieder das Gefühl, als steckten Sie in einem Niemandsland? Während junge Frauen in Hinblick auf Familienplanung und berufliche Perspektiven inzwischen politisch stärker gefördert werden, scheinen Sie auf der Strecke zu bleiben. Es drängt sich der Gedanke auf, als bliebe die Lebensspanne von Frauen zwischen 40 und 65 Jahren geradezu ausgespart.

»Ich weiß irgendwie überhaupt nicht mehr, wo ich hingehöre. Ich bin zwar nicht mehr jung, aber alt fühle ich mich auch nicht«, sagte eine Teilnehmerin mit Anfang 50 aus meinem Seminar.

Beruflich kämpfen viele Frauen in der Lebensmitte um den Wiedereinstieg oder sie konkurrieren – offen oder verdeckt – in der Firma mit jüngeren Kolleginnen. Und privat sieht es oft nicht besser aus. Viele Sorgen breiten sich anscheinend immer stärker aus. Das erkennbare Altern verunsichert und manches wird hinterfragt, was bislang selbstverständlich war. In dieser Zeit wären Unterstützung, Verständnis und Rücksicht von Partner und Familie eine große Hilfe. Doch viele Frauen erfahren genau das Gegenteil. Denn Sie werden mit dem, was sie fühlen, häufig überhaupt nicht ernst genommen. Statt Verständnis und Hilfe erhalten Sie abfällige Bemerkungen oder negative Kommentare. Kein Wunder, dass sie sich manchmal einsam und ausgegrenzt fühlen.

In der Lebensmitte findet ein Wandel der Gefühle statt, den wir alle nicht umgehen können. Und es geht hier um weitaus mehr als eine Hormonumstellung in den Wechseljahren! Wir erlangen viele neue Einsichten, aber auch alte Wunden treten plötzlich wieder deutlicher hervor, um sie in dieser Zeit endgültig zu heilen.

Doch viele Frauen meinen, sie müssten all das nur irgendwie ganz schnell hinter sich bringen. Wenn Sie auch dazugehören, dann sollten Sie Folgendes bedenken: Diese Lebensphase, in der Sie sich befinden, ist eine ganz besondere Zeit. Es ist kostbare Lebenszeit – und zwar Ihre Lebenszeit! Und Lebensphasen, in denen sich viel verändert, in denen Sie spüren, da wandelt sich etwas in mir, sind immer intensiv. Denn zurzeit geschieht etwas in Ihnen, von dem Sie manchmal weder wissen, woher es kommt, noch wohin es Sie führt. Doch statt diese Phase intensiven Lebens nur ganz schnell überstehen zu wollen, sollten Sie diese Jahre vielmehr ganz bewusst erleben und für die Veränderungen in Ihnen ganz besonders achtsam sein.

Seien Sie also im Moment vor allem freundlich zu sich selbst und hören Sie auf, gegen sich selbst zu kämpfen. Lassen Sie sich auf die Entdeckungsreise durch Ihre veränderte Gefühlswelt ein. Sie müssen keineswegs alles gut finden, was in Ihnen passiert. Und doch ist diese Zeit ein wichtiger Teil Ihres Lebens, der schließlich zu Ihrer einzigartigen Lebensgeschichte gehört.

Ich möchte Sie dazu ermutigen und dazu einladen, zunächst ganz ruhig und mit ein wenig Abstand, auf Ihre veränderten Gefühle zu schauen. Beobachten Sie, was in Ihnen geschieht. Forschen Sie nach. Und werden Sie zur Entdeckerin Ihrer sich wandelnden Gefühlsgeschichte.

Caroline Bohn

Teil I: Wenn die Welt plötzlich kopfsteht

Veränderungen wühlen auf

Es gibt Lebensphasen, die starke Veränderungen mit sich bringen. Die Mitte des Lebens gehört auf jeden Fall dazu. Manche Veränderungen, die sich einstellen, sind leichter zu ertragen, andere sind hingegen schwerer zu bewältigen. Die schweren sind häufig mit viel Leid und Sorge verbunden: Eine schwere Krankheit, die uns selbst oder nahestehende Menschen trifft. Tiefe Kränkungen und Enttäuschungen. Schmerzvolle Abschiede und Verluste, wie Trennung, Scheidung oder der Tod engster Verwandter oder Freunde. Die Pubertät oder der Auszug der Kinder. Unerwartete Arbeitslosigkeit und Existenzsorgen, die zunehmende Gebrechlichkeit oder Pflegebedürftigkeit der Eltern. Vielleicht stellt sich aber auch eine allgemeine, kaum erklärbare Erschöpfung und Lebensmüdigkeit ein. All das zehrt an unseren Kräften.

Natürlich wissen wir, dass Veränderungen zum Leben gehören. Aber wenn wir dann selbst davon ergriffen werden, wenn wir völlig unerwartet von Ereignissen und Gefühlen überwältigt werden, dann merken wir, wie dünnhäutig und durchlässig wir letztlich sind. Wir stellen fest: Auf vieles, was uns widerfährt, gibt es letztlich keine Vorbereitung. Und so finden wir uns plötzlich in einer verunsichernden Lebensphase wieder. Wir fühlen uns dann besonders schutzlos, weil wir nun viel verletzlicher sind.

Vielleicht funktionieren wir noch. Aber wir merken, wir sind unzufrieden, manchmal auch einsam, und wir wissen oft nicht, wie vieles weitergehen soll. Das soll es gewesen sein? Ist das mein Leben? Bleibt das nun alles so?

Insgeheim wissen auch Sie vielleicht: Alle Veränderungen in Ihrem Leben tragen letztlich immer zu Ihrer persönlichen Entwicklung bei. Eigentlich könnten Sie also ganz beruhigt sein und denken: »Das geht vorbei. Ganz gleich, was es ist, ich werde daran wachsen!« Das sind kluge, weise Sätze, die sicherlich stimmen. Denn denken Sie einmal einen kurzen Moment nach: Hat Ihnen so mancher Blick zurück nicht auch schon oft gezeigt, dass alles eigentlich ganz gut und richtig war, wie es letztlich gelaufen ist? Und haben Sie im Nachhinein nicht auch schon oft gedacht, dass Sie ohne dieses oder jenes Ereignis nicht dahin gekommen wären, wo Sie heute sind? Aber diese Einsichten haben Sie vermutlich erst viel später gewonnen. Dann, als die akute Krise überstanden war, als der erste Schmerz der Kränkung sich langsam legte oder die größte Trauer überwunden war. Erst dann setzte sich ganz langsam der Gedanke durch: »Ja, es hatte auch etwas Gutes. Ich bin daran gereift. Ich bin trotz alledem daran gewachsen.«

Doch von diesem Punkt sind Sie jetzt vermutlich noch weit entfernt. Und so denken Sie vielleicht, dass Ihnen in all der Unruhe und Unentschlossenheit oder auch Sorge, in der Sie sich hin und wieder befinden, die Gewissheit, dass alles seinen Sinn hat, zwar bekannt ist, aber im Moment nicht sehr viel nützt. Kein Wunder, denn schließlich werden Ihre Gefühlsturbulenzen nur selten durch kurzfristige Einsichten gestoppt. Und wie sollen Sie auch erkennen, was Ihr aktueller Lebensumstand denn letztlich Gutes für Sie bringt, wenn Sie ständig von einem Gefühl ins andere stürzen – und das womöglich in recht kurzen Intervallen?

Vielleicht fühlen Sie sich von anderen Menschen sogar unverstanden, wenn diese in dieser aufwühlenden Zeit auch noch vom Sinn Ihres Gefühlschaos oder von der Chance einer Krise reden. Denn im Moment stecken Sie mittendrin. Mal mehr und mal weniger intensiv. Und deshalb geht es nun darum, das, was sich in Ihrem Innenleben gerade entwickelt, zunächst einmal aufzuspüren.

Denn ob Sie nun wollen oder nicht: Veränderungen klopfen an und wollen, dass Sie ihnen die Tür öffnen. Das muss so sein und das soll so sein. Auch wenn es mit Unwohlsein, Sorgen und innerer Wankelmütigkeit verbunden ist. Sie wissen und spüren es wahrscheinlich genau: Widerstand leisten ist zwecklos. Ihre Lebensthemen haben Sie gesucht und längst gefunden. Jetzt ist die Zeit gekommen, genauer hinzusehen. Denn nur so entwickeln Sie sich von einer erwachsenen zu einer reifen Frau.

Übergangsphasen – Leben im Schwebezustand

Wenn neue Lebensentwürfe in unser Leben drängen, dann sind wir vor allem aufgewühlt und unruhig. Genau das kennzeichnet schließlich Übergangsphasen. In dieser Zeit hängen wir in der Luft. Wir wissen nicht, wo die Reise hingeht. Wir haben das Gefühl, auf wackeligem Boden zu stehen – und schlimmstenfalls den Eindruck, überhaupt keinen Boden mehr unter den Füßen zu haben. In der Lebensmitte befinden wir uns daher in einem Schwebezustand, auf den uns niemand vorbereitet hat. Plötzlich treffen wir auf bestimmte Themen, die uns – erneut oder erstmalig – intensiv beschäftigen. »Wie will ich leben? Was möchte ich noch beruflich machen? Mit wem will ich zusammen sein? Wie viel Freiraum und Rückzug brauche ich für mich?« Etliche Fragen, die aufwühlen und irritieren. Doch für diese Fragen sind Übergangszeiten da. Die Fragen fordern Sie dazu auf, sich nun vertiefend zu besinnen, wieder zu sich selbst zu kommen und bewusst in sich hineinzuhorchen. Es geht darum, Bilanz zu ziehen, um dann vielleicht die eine oder andere Veränderung vorzunehmen.

Die Mitte des Lebens ist eine ganz besonders exklusive Phase im Leben einer Frau. Sie löst Gefühlsveränderungen aus, die dazu führen, dass wir manchmal unser ganzes Leben – oder zumindest Teilbereiche – auf den Prüfstand stellen. Wir verwandeln uns. Und diese Wandlung ist ein langsamer Prozess. Doch sanft und stetig verläuft diese Entwicklung in der Regel leider nicht. Viele Frauen erleben diese Zeit deshalb als persönliche Krise, die sie sich selbst oft nicht erklären können. Vielleicht geht es Ihnen genauso und Sie spüren: »Ich bin in meiner bisherigen Lebenswelt nicht mehr zuhause. Ich empfinde keine richtige Freude mehr. Ich fühle mich irgendwie heimatlos. Ich weiß nicht mehr genau, wo ich wirklich hingehöre – oder: zu wem ich gehöre. Was will ich denn eigentlich? Wo finde ich Halt?« Dieses Schweben im »Vakuum Lebensmitte« macht es so schwer, diesen Zustand auszuhalten. Und gerade weil wir manchmal das Gefühl haben, dass nichts mehr in unserem Leben klar und eindeutig ist, möchten wir diese Zeit natürlich am liebsten ganz schnell hinter uns bringen. Aber Übergänge können nicht gut gelingen, wenn wir so schnell wie möglich zur Tagesordnung übergehen wollen, schreibt die Autorin Ursula Nuber in *Psychologie Heute* (Ausgabe 12/2008). Denn wir benötigen Zeit auf unserer Reise von dem »Nichtmehr« ins »Nochnicht«. Und wie heißt es so schön? Das Gras wächst auch nicht schneller, indem wir daran ziehen. Sie sollten also vor allem Geduld aufbringen und diese Lebensphase bedächtig durchleben, um die reifen Früchte zu ernten, die sie Ihnen schenkt.

Wenn wir es genau nehmen, so befinden wir uns eigentlich unser ganzes Leben lang in irgendwelchen Übergangsphasen. Vom Kindergarten geht es in die Schule, in Ausbildung und Beruf. Wir sind Kinder, dann Jugendliche und irgendwann Erwachsene. Wir sind Tochter, Schwester, Freundin, Ehefrau und vielleicht Mutter. Das heißt, wir durchqueren immer wieder unsichere Zeiten. Doch wir wachsen an unseren Aufgaben und verschiedenen Rollen und wir bewegen uns ständig auf unterschiedlichen Schauplätzen des Lebens, die sich verändern – und die uns verändern.

Manches ist im Leben vorhersehbar, manches nicht. Das eine tritt unverhofft ein: Trennung, Scheidung, Arbeitslosigkeit, beruflich bedingte Umzüge, der Tod des Partners, der Geschwister, Erkrankungen der Eltern oder eigene körperliche Leiden. Anderes bleibt unverhofft aus: keine Schwangerschaft, keine Hochzeit, kein Studium, keine Führungsposition, kein Auslandsaufenthalt. Zu spät. Wir merken: Unsere Entscheidungsspielräume werden enger. Und wir spüren, wir müssen uns von einigem – und von einigen – verabschieden, auch wenn wir glaubten, dass alles sicher sei.

Natürlich macht uns das traurig, niedergeschlagen, ängstlich und auch einsam. Schließlich sind wir auf der Suche. Wir suchen nach einer neuen Identität. Denn in der Mitte des Lebens werden wir gerufen. Das heißt, etwas in Ihnen fragt nun wieder genauer nach: »Wer bin ich?« Wo will ich hin? Wie möchte ich die nächsten Jahrzehnte verbringen?« Und Sie sind erfahren genug, um zu wissen: Jeder Tag ist kostbar. Deshalb merken Sie: »Ich will nichts mehr verschenken! Jetzt habe ich noch einmal die Möglichkeit, die Weichen umzustellen und Grundlegendes in meinem Leben zu verändern. Wenn, dann jetzt!« Das heißt, Sie suchen nach einem neuen Sinn und Halt in Ihrem Leben und hinterfragen kritisch, was oder wer Ihnen bislang genau das gegeben hat und ob das alles wirklich noch Bestand hat. Zurückgeworfen auf sich selbst, sehen Sie Ihr bisheriges Leben an und erkennen: »Es gibt vieles, was ich jetzt neu überdenken muss.«

Eines ist an dieser Stelle entscheidend: Es gibt zwar vieles, über das Sie nun nachdenken, aber es geht nicht gleich darum, tragweite Entscheidungen zu treffen! Das ist ein Irrglaube, dem viele Frauen immer wieder unterliegen. Denn viele koppeln an das Nachsinnen über ihr Leben, dem Aussprechen ihrer Unzufriedenheit, dass sie nun zeitgleich mehr oder weniger radikale Entscheidungen treffen müssen. Doch dieser Schritt ist noch gar nicht dran. Es geht vielmehr um den Schritt davor. Es geht zunächst darum, sich selbst neu zu erkennen. Es geht darum, dass Sie sich beobachten und die wegweisende Spur Ihrer Gefühle verfolgen. Und dabei geht es auch um Folgendes: in dieser turbulenten und aufwühlenden Zeit ganz besonders gut für sich zu sorgen.

Es ist unbestritten eine unruhige Zeit, voll scheinbarer Widersprüche und emotionaler Sprunghaftigkeit. Und gelegentlich toben sicher auch zwei Seelen in Ihrer Brust. Der Wunsch nach Klarheit und Orientierung ist daher verständlich. Doch im Moment geht es nicht um ein Entweder-oder, sondern um ein Sowohl-als-auch. Das heißt, Ihre inneren Widersprüchlichkeiten dürfen und sollen sogar nebeneinanderstehen. Warum? Weil sie zum Leben gehören. Wir sind oft unschlüssig und hin- und hergerissen. Und wir sollten uns endlich damit aussöhnen, dass das so ist.

Schauen Sie sich daher zunächst Ihre aktuellen Stimmungen und Gefühlslagen an. Und nehmen Sie den Druck heraus, jetzt etwas entscheiden oder verändern zu müssen. Niemand verlangt von Ihnen Entscheidungen, die Sie in dieser aufwühlenden Übergangszeit noch gar nicht treffen können. Also tun Sie es auch nicht.

Ich lade Sie deshalb herzlich ein. Lehnen Sie sich zurück und schauen Sie auf die Bühne Ihres Lebens. Der Vorhang geht auf. Es ist Ihre Premiere. Eine ganz persönliche Aufführung: nur für Sie!

Der erste Impuls – oder: Wie alles beginnt

Veränderungen vollziehen sich in der Regel schleichend. Sie wachen nicht plötzlich morgens auf und sind ein anderer Mensch. Doch eines Tages stellen Sie vermutlich fest: Irgendetwas ist jetzt anders. Vielleicht fühlen Sie sich auf einmal alt – oder zumindest älter. Und Ihnen fällt auf, dass die Spuren Ihrer Lebenserfahrung in Ihrem Gesicht und an Ihrem Körper immer deutlicher werden. Eine schlaflose Nacht ist auch zwei Tage danach noch unübersehbar. Die Arbeit im Büro kostet im Moment mehr Kraft. Und trotz Sport formt sich der Körper ganz anders, als er soll. Ja, schauen Sie ruhig hin: Sie verändern sich – innerlich wie äußerlich. Sie sehen schneller müde und erschöpft aus und Ihre Haut wird weicher. Das gehört dazu. Das ist jetzt so. Ja, das sind Sie jetzt!

Viele Frauen merken in dieser Zeit, dass sie auf einmal ein verstärktes Bedürfnis nach Ruhe und Rückzug haben.

Ihre gesamte Stimmungslage erscheint ihnen selbst plötzlich völlig verändert. Und manchmal haben sie den Eindruck, ihre ganze Freude am Leben sei wie weggeblasen. Freizeitunternehmen aller Art werden anstrengender. Der Aufenthalt in Menschenmassen ist auf einmal stressig und belastend. Der Straßenlärm macht sie immer empfindlicher und regt sie weitaus mehr auf als zu früheren Zeiten. Ungeduld und Gereiztheit sind inzwischen Gefühle, die sie ständig begleiten; ob an der Kasse, im Auto oder in Gesprächen mit anderen. Kurzum: Ihnen wird alles zu viel, zu schnell und zu laut. Und dann wird es insgesamt mühsamer, sich aufzuraffen und all die Dinge des täglichen Lebens zu bewältigen. Kennen Sie das auch? Alles, was Sie tun, kostet Sie irgendwie mehr Kraft.

Das alles sind deutliche Zeichen: Der Prozess beginnt. Ob Wechseljahre oder nicht – Veränderung will in Ihr Leben. Das heißt vor allem: Jetzt steht etwas anderes an. Privat geht es darum aufzuräumen, sich von gewohnten Aufgaben und Zwängen zu befreien, um das Gefühl zu haben, endlich wieder atmen zu können. Und auch beruflich kann es Wendungen geben: Ein Stellenwechsel, eine andere Aufgabe in der Firma, und manchmal erscheint selbst eine Selbstständigkeit gar nicht mehr so abwegig. Aber es müssen nicht gleich grundlegende oder radikale Veränderungen sein. Und vor allem: Jetzt im Moment müssen Sie noch nichts entscheiden! Sehen Sie einfach nur hin, hinterfragen Sie, was Sie in Ihrem Leben noch gut finden und was nicht. Und gehen Sie sorgsam mit sich um!

Bei den meisten Frauen beginnt der Veränderungsprozess damit, dass sie viel nachdenklicher sind als sonst. Sie hinterfragen plötzlich vieles, was bislang vertraut und selbstverständlich war. Dazu zählen vor allem eingespielte Gewohnheiten und enge Beziehungen. Vielleicht sind es die alltäglichen Aufgaben, die auch Sie in Frage stellen: einkaufen, putzen, den Haushalt wie immer organisieren – den Spagat zwischen Familie, Beruf und Freizeit meistern. Doch dann kommt der Gedanke: »Und wo bleibe ich?«

Auch Ehe oder Partnerschaft kommen auf den Prüfstand: Da sind die Eigenheiten und Gewohnheiten nahestehender Menschen, die Ihnen zurzeit viel schneller auf die Nerven gehen: Immer dieselben Geschichten des Partners, die mangelnden Tischmanieren der Kinder oder ständig die gleichen aufreibenden Diskussionen.

Vielleicht tauchen bei Ihnen aber auch schleichend solche seltsamen Grundsatzfragen auf:

»Lebe ich alleine nicht eigentlich viel besser?«
»Was bringt mir die Beziehung eigentlich?«
»Liebe ich meinen Mann wirklich noch?«

Und beruflich? Einige der Kolleginnen und Kollegen müssen sich immer wieder aufspielen und durch Belanglosigkeiten hervortun. Sicher, das kennen Sie schon. Aber jetzt nervt Sie dieses Gebaren eben noch viel mehr als sonst. Und es fällt Ihnen weitaus schwerer, Ihren Unmut darüber zu unterdrücken und Ihre Gefühle in Schach zu halten. Oder merken Sie vielleicht, dass Sie sich morgens nur noch aus dem Bett quälen und am liebsten gar nicht mehr in die Firma gehen wollen? Dabei waren Sie bislang doch immer ganz zufrieden mit Ihrem Job. Aber alles wird schneller und hektischer und Sie immer müder. »Wie soll ich das alles nur schaffen?«

Und wie steht es mit Ihren Freundschaften? Werden die gemeinsamen Treffen, die Sie doch immer so unterhaltsam und kurzweilig fanden, auf einmal anstrengender für Sie? Vielleicht stellen Sie ja auch fest, dass die Zusammenkünfte schon längst nicht mehr so unbeschwert und heiter sind wie zu früheren Zeiten. Was haben Sie sich eigentlich noch zu sagen? Und müssen Sie sich überhaupt noch so oft sehen oder ständig miteinander telefonieren? Oder wünschen Sie sich gerade jetzt Ihre alten Freundinnen näher herbei? Besonders die, die auch auf einmal so nachdenklich sind. Und würden Sie am liebsten mal ein Wochenende mit ihnen verreisen, um, abseits von Familie und Beruf, Zeit füreinander zu haben und mal wieder diese intensiven Frauengespräche zu führen? Aber dann kommen auch schon die Zweifel: »Wie reagiert wohl mein Mann darauf, wenn ich mit meinen Freundinnen wegfahren will?«

Solche vielfältigen Eindrücke, Zweifel und Wünsche treten in der Lebensmitte verstärkt auf. Und sie entwickeln sich oft zu einer nagenden Unzufriedenheit oder inneren Quengelei. Doch es ist keineswegs ungewöhnlich, was Sie fühlen. Vielmehr sollten Sie diesen Gefühlen nachgeben, um ihnen ihre verdiente Weite und Raum zu geben. Denn in ihnen liegen wertvolle Hinweise für Ihre ganz persönliche Entwicklung. Indem Sie Gewohntes hinterfragen, stoßen Sie auf Ihre Sehnsüchte und Bedürfnisse, die vielleicht längere Zeit zurückstehen mussten oder die sich jetzt neu herausbilden. Denn im Laufe unseres Lebens überprüfen wir immer wieder, wie wir leben wollen. Und in der Mitte der Lebens mit einer besonderen Intensität, weil unser Gefühlsleben so stark in den Vordergrund rückt.

Teil II: Die große Welt der Gefühle

Warum faszinieren und beschäftigen uns Gefühle eigentlich so sehr? Ganz einfach, weil sie uns immer und überall betreffen. Unsere Gefühle machen uns aus. Durch sie sind wir lebendig. Ob im Privatleben oder im Beruf – überall stoßen wir auf unterschiedliche Stimmungen, Befindlichkeiten und Gefühle anderer Menschen. Und ständig sind wir damit beschäftigt herauszufinden, wie wir uns selbst gerade fühlen, warum wir uns so und nicht anders fühlen oder wie wir unsere Gefühle verändern können.

Die Vielfalt unserer Gefühle ist groß: Wir sehnen uns nach etwas oder nach jemandem. Wir sind wütend, verliebt, erfreut, gerührt, enttäuscht, verärgert, gekränkt, verängstigt oder einsam. Wir fühlen uns wohl oder unwohl, unbehaglich oder geborgen, betrogen oder geschützt.

Unsere Gefühle steuern unser Leben und sie zeigen uns die Richtung an. Ohne sie wären wir orientierungslos und ohne Warnsystem. Denn durch das, was wir fühlen, wissen wir, wer oder was uns guttut und wer oder was uns schadet.

Gefühle verbinden und trennen uns von anderen Menschen. Sympathie, Zuneigung und Liebe lassen Beziehungen entstehen. Neid, Eifersucht und Hass können sie wieder zerstören. Es gibt Gefühle, die dafür sorgen, dass wir uns zurückhalten, wie Angst oder Ekel. Und es gibt Gefühle, die uns herauslocken, wie Liebe oder Stolz.

Gefühle stecken auch an. So springt die gute Stimmung der Kollegin manchmal ebenso auf uns über wie die schlechte Laune des Partners. Und selbst gespielte Gefühle können auf uns übergreifen. Denken Sie nur an rührselige Filmszenen, die uns sogar zum Weinen bringen oder tiefe Sehnsüchte in uns erwecken können.

Häufig sind wir damit beschäftigt, unsere eigenen Gefühle und die anderer zu verstehen oder auf sie zu reagieren. Wir fühlen uns in uns selbst oder in andere hinein und wir teilen unsere Gefühle mit. Wir können manche Gefühle vorspielen und andere trotz aller Mühe nicht verbergen. Wir können Gefühle verdrängen und versuchen, sie wieder zu erwecken.

Im Laufe unseres Lebens schaffen wir es in der Regel recht gut, unsere Gefühle zu kontrollieren und zu managen. Das ist nicht immer leicht. Die amerikanische Soziologin Arlie Hochschild bezeichnet diesen Versuch daher als Gefühlsarbeit. Und diese Arbeit an unseren Gefühlen gelingt uns an manchen Tagen besser und an manchen eben weniger gut.

Meistens versuchen wir, uns in eine andere, bessere Gefühlslage zu versetzen. Denn unser Ziel sind vor allem die positiven Gefühle. Das heißt, wir wollen, dass es uns ständig gut geht. Das ist verständlich. Nur was muten wir uns da eigentlich zu? fragt auch die Psychotherapeutin Alice Holzhey in *Psychologie Heute* (Ausgabe 05/2008). Denn ist es nicht zu viel verlangt, dass wir uns selbst in schwierigen Zeiten auch noch gut fühlen wollen? Und trotzdem versuchen wir es, obwohl wir insgeheim genau wissen, dass das in Wirklichkeit gar nicht möglich ist. Ob es uns also passt oder nicht: Wir alle müssen auch negative Gefühle aushalten und ertragen. Denn negative wie positive Gefühle sind wichtig, und seelisch gesund sind wir letztlich erst dann, wenn unsere Gefühle der jeweiligen Situation angemessen sind, meint Alice Holzhey.

Besonders in der Lebensmitte bleiben wir von belastenden Gefühlen nur selten verschont. Denn in dieser Zeit wechseln sich Niedergeschlagenheit, Verzweiflung, Angst, Sorge, Einsamkeit und Unsicherheit ab. Das heißt, Gefühle, die wir am liebsten aus unserem Leben verbannen möchten. Aber wir empfinden auch schöne Gefühle: tiefes Vertrauen, Dankbarkeit, Liebe und Geborgenheit. Nur das ungestüme Hin und Her unseres Gefühllebens macht uns in der Mitte des Lebens oft zu schaffen. Aber wir leben – und in dieser Zeit eben besonders intensiv.

Kennen Sie das auch? Da ist Ihnen ein unbekannter Mann am Telefon sofort sympathisch, die forsche Art Ihrer Chefin schüchtert Sie ein und vor dem ersten Rendezvous sind Sie furchtbar nervös. Die arrogante Art Ihrer Kollegin regt Sie unbeschreiblich auf, Ihre Eltern lösen noch immer Schuldgefühle in Ihnen aus und das Kompliment des netten Kollegen hebt ganz plötzlich Ihre Stimmung.

Es ist kaum zu beschreiben, was andere Menschen von jetzt auf gleich für eine Vielfalt von Gefühlen in uns auslösen können. Und je nach eigener Gefühlslage und Lebenssituation reagieren wir ganz unterschiedlich darauf. Ihr Gefühlsreichtum ist also riesengroß, allerdings auch reichlich komplex. Wenn Sie gerade wieder einmal auf der Gefühlsachterbahn fahren, dann spüren Sie das besonders. Denn das Fühlen an sich stellt uns oft noch vor weitere Probleme. Dies schreibt auch Friedrich W. Stallberg, Professor für Soziologie von der TU Dortmund, in seinem Beitrag über das Altern der Gefühle. Und vielleicht kennen Sie das auch von sich:

- Sie fühlen zu viel oder zu intensiv.
- Sie fühlen nicht das, was Sie fühlen möchten.

- Sie fühlen nicht das, was andere von Ihnen erwarten.
- Sie wissen selbst nicht genau, was Sie fühlen.
- Sie können nicht ausdrücken, was Sie fühlen.
- Sie schaffen es nicht, Ihre Gefühle zu bewältigen.

Sie fühlen zu viel oder zu intensiv

Wenn Sie zu viel oder zu intensiv fühlen, dann merken Sie: Ich bekomme kaum noch Abstand zu meiner eigenen Gefühlswelt. Oft werde ich von meinen Gefühlen regelrecht überflutet. Sie können dann immer schlechter abschalten und machen sich selbst über Belanglosigkeiten große Sorgen. Vieles wühlt Sie sehr stark auf. Und Ihre Gedanken kreisen um Ereignisse, die bereits geschehen sind oder die Sie in Zukunft befürchten. Es ist, als wären Sie in sich selbst gefangen und fänden den Schlüssel für den Ausgang nicht. »Ich mache mir so viele Sorgen und deshalb komme ich nicht mehr zur Ruhe.« – »Ich bin so erschöpft und weiß nicht, wie ich das alles schaffen soll.«

Sie fühlen nicht das, was Sie fühlen möchten

Kennen Sie das? Sie haben beste Arbeitsbedingungen, ein gutes Gehalt, nette Kolleginnen und Kollegen und freundliche Vorgesetzte. Und Sie merken: Ich bin aber trotzdem nicht zufrieden. Sie wünschen Ihrer Freundin von Herzen nur das Beste, doch als sie von ihrer Gehaltserhöhung erzählt, werden Sie neidisch und fragen sich: »Wieso verdient sie mehr als ich? Ich bin doch viel qualifizierter.«

Oder Sie reagieren sehr verletzt auf eine Bemerkung Ihres Kollegen. Dabei möchten Sie viel lieber gelassen bleiben und nicht gekränkt reagieren.

Kurzum: Sie möchten manchmal ganz anders fühlen,

als Sie tatsächlich empfinden. Vielleicht wünschen Sie sich, für manches im Leben dankbarer zu sein oder zufriedener mit dem, was Sie erreicht haben. Oder Sie wünschen sich, verständnisvoller oder geduldiger zu reagieren – aber es gelingt Ihnen oft einfach nicht. Und dann meldet sich deshalb auch noch das schlechte Gewissen.

Sie fühlen nicht das, was andere von Ihnen erwarten

Ihr Mann geht davon aus, dass Sie sich über seine spontane Einladung zum Wochenendausflug freuen. Das tun Sie aber nicht, weil Sie für sich ganz andere Pläne hatten oder Ihnen mehr danach ist, sich nach der anstrengenden Woche auf dem Sofa in die Decke einzukuscheln. Ihr Kunde erwartet, dass Sie freundlich und zuvorkommend sind. Sie finden ihn jedoch unsympathisch und das zeigen Sie ihm auch unmissverständlich durch Ihren Tonfall. Als Führungskraft wird von Ihnen erwartet, ruhig und besonnen in Stresssituationen zu reagieren. Doch stattdessen regen Sie sich lautstark vor versammelter Mannschaft auf. Und wenn Sie zurückdenken: Als frisch gebackene Mutter wurde von Ihnen erwartet, dass Sie vor Glückseligkeit strahlen. Aber vielleicht fühlten Sie sich oft müde, deprimiert und mit der neuen Rolle anfangs völlig überlastet.

Sie wissen selbst nicht genau, was Sie fühlen

Sie sind zurzeit sehr verwirrt und fühlen sich mit unzähligen Aufgaben überfordert. Alles ist Ihnen zu viel und Ihr ganzes Leben erscheint Ihnen irgendwie wie ein großes Durcheinander. Sie wissen nicht mehr, wie Sie entscheiden sollen und nichts macht Ihnen mehr so richtig Spaß oder Freude. Sie sind voller Zweifel und Widersprüchlichkeiten. Sie fragen sich, ob Sie Ihren Partner überhaupt noch lieben und was eigentlich gerade mit Ihnen geschieht. Denn mal fühlen Sie so und dann wieder völlig anders. Es ist eine ständige Fahrt auf der Achterbahn der Gefühle. Innerlich herrscht nur noch Gefühlschaos.

Sie können nicht ausdrücken, was Sie fühlen

Sie haben keine Möglichkeit Ihre Gefühle auszudrücken, weil niemand da ist, dem Sie sich anvertrauen können. Sie können nicht ausdrücken, was Sie fühlen, weil Ihr Partner jedes Mal ungehalten oder verständnislos reagiert. Sie haben Angst zu sagen, was Sie fühlen, weil Sie sich durch Ihre Kollegen eingeschüchtert fühlen. Sie sind sehr deprimiert und fühlen sich so betäubt, dass Sie sich schon nicht mehr mitteilen können. Oder Sie fürchten zu sagen, was Sie fühlen, weil Sie Angst vor den Konsequenzen haben.

Sie schaffen es nicht, Ihre Gefühle zu bewältigen

Obwohl der Streit mit Ihrem Partner schon Stunden her ist, sind Sie noch immer vor Wut ganz aufgebracht. Sie haben das Gefühl, Sie bekommen Ihre Ängste trotz Ihrer zahlreichen Bemühungen nicht unter Kontrolle. Oder es gelingt Ihnen nicht, Ihre heftigen Gefühlsausbrüche zu beherrschen, die Sie immer wieder ganz plötzlich überrollen. Und irgendwie schaffen Sie es auch nicht, Ihre alten Verletzungen zu überwinden. Obwohl die Trennung schon eine Weile her ist, lassen die Trauer und der Schmerz noch immer nicht nach.

Natürlich finden zwischen diesen Gefühlsvarianten oft Überschneidungen statt. Und genau das macht unser Gefühlsleben so undurchschaubar. Vieles bleibt für uns unklar. Und manches, was wir fühlen, verunsichert uns nur noch mehr. Oft wissen wir nicht, ob das alles überhaupt richtig ist, was wir fühlen:

Wie lange darf ich eigentlich traurig und niedergeschlagen sein? Wie intensiv darf ich lieben? Wie oft darf ich zweifeln? Wie lange darf ich trauern? Wie viel Angst und Sorgen sind angemessen und wann wird es zu viel? Wo liegt hier die Grenze?

Zudem ist uns häufig völlig unklar, welches Gefühl in welcher Situation noch richtig und angemessen ist. In welcher Situation darf ich meine Wut und meinen Ärger zeigen? Und wann darf ich meine Zuneigung oder Liebe kundtun? Welches Gefühl darf ich überhaupt noch öffentlich zeigen? Und welches sollte ich besser verbergen?

Zur Orientierung gibt es immerhin Gefühlsregeln, die wir alle kennen und nach denen wir uns auch meistens richten. Wir wissen alle, dass es unangemessen wäre, auf einer Beerdigung zu lachen. Stattdessen sollen wir Betroffenheit zeigen – selbst wenn wir uns gar nicht betroffen fühlen. In einem Bewerbungsgespräch dürfen wir zwar anfangs etwas nervös sein, aber eben nicht zu lange. Und die Kollegin sollten wir selbst dann nicht anschreien, wenn sie uns mit Ihrer Art zur Weißglut bringt. Es ist wirklich manchmal ein Kraftakt, die eigenen Gefühle zu managen. Und in den Gefühlsturbulenzen der Lebensmitte ganz besonders.

Was können wir also tun, wenn so viel gefühlvolles Durcheinander und Widersprüche in uns sind?

Der Berliner Philosoph Wilhelm Schmid spricht in seinem Buch *Die Liebe neu erfinden* von einem kunstvollen Umgang mit unseren Gefühlen. Damit meint er, dass wir unsere Gefühle atmen lassen sollten. Wir sollten ihnen mit all ihren Widersprüchlichkeiten Raum geben. Das heißt, wenn Sie Ihre Gefühle rauslassen, wenn Sie sie ausleben, dann muss das nicht gleich heißen, dass Sie es nur noch völlig unkontrolliert und beliebig tun. Und wenn Sie Ihre Gefühle zurückhalten oder Sie versuchen, sie umzulenken, also managen, dann muss das keineswegs bedeuten, dass Sie Ihre Gefühle deshalb völlig unterdrücken. Widersprüchliche Gefühle gehören zum Leben. Und es gibt Phasen, da springen sie eben extrem hin und her. Wann sind wir uns einer Sache schon wirklich sicher? Wann sind wir schon vollkommen klar? Wir schwanken ständig hin und her – je nach Tagesform, Lebenssituation, Ereignis und persönlicher Gefühlserfahrung. Doch trotz dieses ungestümen Gefühlsdurcheinanders sortiert und klärt sich vieles tief in uns. Und irgendwann kommt es als Einsicht oder Erkenntnis an die Oberfläche. Vertrauen Sie auf sich selbst! Sie haben alle richtigen Gefühle in sich.

Lassen Sie sie atmen. Denn es sind Ihre Gefühle, die Ihnen jetzt ganz viel über sich selbst mitteilen.

Von Selbstansprüchen und Werten

Auch wenn Sie es sich gerade kaum vorstellen können: Die Lebensmitte ist die Zeit der großen Versöhnung. Denn jetzt können Sie endlich Frieden mit sich schließen. In dieser Lebensphase können Sie sanfter, fürsorglicher und nachsichtiger mit sich umgehen und sich von Ihren langjährigen, hohen Selbstansprüchen verabschieden.

Vielleicht gehören Sie auch zu den Frauen, die oft über sich sagen:

»Ich weiß, ich habe viel zu hohe Ansprüche an mich selbst.«

»Ich weiß, ich bin viel zu perfektionistisch.«

»Ich will es immer allen recht machen.«

»Ich fühle mich ständig für alles verantwortlich.«

»Ich bin oft viel zu streng mit mir.«

Sie wissen sicher selbst am besten: Mit dieser Haltung geraten Sie auf direktem Weg in den Teufelskreis, sich permanent zu überfordern. Denn zu hohe Selbstansprüche schwächen Sie, machen Sie müde und erschöpfen Sie auf Dauer. Das ist kein Wunder. Denn wenn Sie ständig Ihre Grenzen überschreiten und sich bei vielem, was Sie tun, verausgaben, dann werden Sie zwangsläufig irgendwann ausgebrannt am Boden liegen.

Doch nun haben Sie die Möglichkeit, sich endgültig von dieser Selbstüberforderung zu verabschieden. Wie? Indem Sie nach und nach Ihre Selbstansprüche und Ihre Werte neu hinterfragen. Und vor allem, indem Sie die Antworten in sich selbst suchen, anstatt zu versuchen, sie außerhalb zu finden. Denn alle Antworten liegen ausschließlich in Ihnen. Die Gefühle, die in der Lebensmitte auftauchen, verhelfen Ihnen dazu, den Blick nach innen zu lenken. Sie fordern Sie geradezu heraus, Bilanz zu ziehen. Und sie stellen Ihnen exakt die Fragen, die Ihnen bei der Suche helfen, wie Sie Ihr Leben zukünftig ausrichten wollen. Damit Ihnen das gelingt, schauen Sie sich Ihre Selbstansprüche genau an und überprüfen Sie, welche davon überhaupt noch gültig sind.

Wir alle haben natürlich ganz bestimmte Vorstellungen davon, wie wir sein wollen. Wir haben Träume und Sehnsüchte, die wir im Laufe unseres Lebens entwickeln. Manche erfüllen sich und manche lösen sich in Luft auf. Andere werden uninteressant und manche zerplatzen, weil das Leben uns übel mitspielt oder alles plötzlich ganz anders kommt.

Wir haben aber auch eine ziemlich genaue Vorstellung davon, wie wir sein sollen. Vieles davon bekommen wir bereits in unserer Kindheit vermittelt oder vorgelebt. Außerdem geben uns die Medien täglich vor, welche Ideale erstrebenswert sind. Wir bekommen von außen diktiert, was heutzutage als schön gilt und was wir leisten müssen, um attraktiv, erfolgreich und beliebt zu sein. Doch Vorgaben von außen machen uns das Leben in der Regel schwer. Denn wenn wir sie unhinterfragt übernehmen und sie zu unseren eigenen Ansprüchen und Zielen werden, dann besteht die Gefahr, dass wir unzufrieden werden. Und Sie wissen selbst: Es macht keinen Sinn, Zielen nachzujagen, die nicht Ihre eigenen sind; und mit unerbittlicher Härte und Strenge schon gar nicht. Erst in der Mitte des Lebens wird vielen Frauen jedoch bewusst, dass sie manchen Vorstellungen nachgerannt sind, die letztlich nicht ihre eigenen waren. Und viele merken, dass ihnen das keineswegs gut getan hat, weil sie viel zu oft versucht haben, jemand zu sein, der sie nicht sind – und nicht selten haben sie dabei ihre Werte verraten. Doch in der Lebensmitte setzt sich dann oft die eine oder andere Erkenntnis durch: Ich bin eben keine Partylöwin, sondern ein zurückhaltender Mensch. Ich bin nun einmal sensibel und habe kein dickes Fell. Ich bin eben rundlich und nicht dieser gertenschlanke Typ. Ich bin nun mal aufgrund der Kinder zuhause geblieben und habe nicht studiert. Manche Selbstansprüche relativieren sich nun nach und nach. Wir schließen Frieden mit uns, indem wir akzeptieren, dass manches eben anders verlaufen ist als geplant oder von außen vorgegeben. Und dadurch bleibt vieles nicht wie ein giftiger Stachel in unserem

Lebenskörper stecken. Es verflüchtigt sich langsam mit unserer persönlichen Entwicklung.

Dabei sind Selbstansprüche grundsätzlich wichtig und daher sehr positiv. Sie sind menschlich und wir brauchen sie, um unsere Lebensziele zu formulieren. Zunächst beginnt alles mit großen Wünschen und Sehnsüchten. Und unsere Sehnsüchte motivieren uns. Das heißt, Sie regen uns an und sorgen dafür, dass wir Pläne machen und Ziele für unser Leben entwickeln: Ich möchte studieren. Ich möchte eine Familie haben. Ich möchte beruflich erfolgreich sein. Irgendwann haben wir eine genaue Vorstellung davon, wie unser Leben verlaufen soll. Wir wissen dann:

So will ich sein.

Natürlich vergleichen wir uns auch mit anderen. Und besonders die Medien spiegeln uns vor, wie wir sein sollen. Und da wir alle ein Teil dieser Gesellschaft sind, versuchen wir natürlich mitzuhalten. Das heißt, wir passen uns an und übernehmen die Bilder, die uns vorgesetzt werden. Wir kennen die Vorgaben und haben sie so verinnerlicht, dass sie zu einem weiteren Selbstanspruch werden. Wir wissen dann:

So soll ich sein.

Und dazwischen? Dazwischen versuchen wir, unser Gleichgewicht zu finden. Wir laufen den Zielen hinterher, die wir erreichen wollen, und versuchen gleichzeitig, den Idealen zu entsprechen, wie wir sein sollen. Welch ein Spagat!

Doch dann stellen wir auf einmal fest. »Das entspricht mir gar nicht. Ich bin irgendwie anders.« Und so kommen wir langsam zu der erhellenden Einsicht:

So bin ich.

Diese Erkenntnis kann auch schmerzvoll sein, denn sie rückt oft von den Vorstellungen ab, die wir bislang hatten. Und genau das macht uns dann unzufrieden. Wir werden dann überkritisch und legen die Messlatte schwindelerregend hoch, in der ständigen Sorge zu versagen:

»Das muss ich schaffen.«

»Darum muss ich mich kümmern.«

»Das muss ich schneller hinbekommen.«

»So muss ich aussehen.«

»Das muss mir doch perfekt gelingen.«

Und deshalb zücken wir die Peitsche und treiben uns mit Strenge und Disziplin an, um bloß das Beste aus uns herauszuholen und das Allerbeste zu erreichen. Dabei jagen wir oft einem Ideal hinterher, das wir gar nicht erfüllen können. Und während wir unseren Ansprüchen atemlos hinterherhetzen, rutscht unser Selbstwert immer tiefer in den Keller. Wir achten und schätzen uns dann selbst nicht mehr, sondern nörgeln ständig an uns herum, während wir zu den anderen hinüber schielen, die anscheinend alles viel besser können.

Die Psychotherapeutin Friederike Potreck-Rose spricht im Interview mit *Psychologie Heute* (Ausgabe 11/2006) von einem inneren Kritiker, der uns zwar anspornt, aber auch die Messlatte so hoch hängt, dass wir kaum noch eine Chance haben, die Hürde zu nehmen. Sie regt daher an, sich selbst einzugestehen, dass manchmal Talente oder Kräfte eben nicht reichen – selbst wenn wir es uns noch sosehr gewünscht haben. Es ist also wichtig, dass Sie sich vor Augen führen, dass nicht alles machbar und erreichbar ist. Die Einsicht kann, sie muss aber nicht zwingend schmerzvoll sein. Denn es kann auch erleichtern, sich mit der eigenen Mittelmäßigkeit anzufreunden und sich mit dem, was Sie nicht erreichen konnten, auszusöhnen. Das gelingt zwar nicht sofort, aber dafür haben Sie in der Lebensmitte schließlich genügend Zeit. Ingke Brodersen und Renée Zucker sehen das in ihrem Buch *Werden Sie wesentlich* noch viel abgeklärter. Sie meinen, dass sich das Selbstwertgefühl, das wir bislang nicht errungen haben, sich auch in der Lebensmitte nicht mehr einstellt. Das heißt, vorhandene Selbstzweifel und Eigenarten werden Ihnen erhalten bleiben, aber sie quälen Sie irgendwann nicht mehr so sehr.

Da Perfektionismus und zu hohe Selbstansprüche sogar Grundlage von Angststörungen sein können, hat sich auch der Autor Reneau Z. Peurifoy in seinem Buch *Angst, Panik und Phobien* diesem Thema gewidmet. Und so weist er darauf hin, dass eine der grundlegenden Überzeugungen von Perfektionisten sei, dass Perfektion überhaupt möglich ist. Doch genau das ist eine Illusion. Nichts in der Natur ist perfekt, und wer hat eigentlich jemals damit angefangen, uns dieses unsinnige Ziel aufzuerlegen?

Wir zeigen uns selbstbewusst, obwohl wir unsicher sind. Wir behaupten, alles im Griff zu haben, und nachts bringen uns die Selbstzweifel um den Schlaf. In Wahrheit laufen wir alle mit einem Halbwissen herum und tun so, als wüssten wir über alles Bescheid. Doch in uns schlummert eine große Verunsicherung. Was ist, wenn die anderen herausfinden, dass ich gar nicht so gut bin? Was geschieht, wenn entdeckt wird, dass ich das alles gar nicht so gut kann, wie ich vorgebe? Wir meinen oft, dass andere viel besser sind als wir; dass sie den Job leichter schaffen und insgesamt unbeschwerter durchs Leben kommen. Und das, was andere können, wollen wir schließlich auch schaffen. Doch Sie können nur geben, was Ihnen jetzt gerade möglich ist. Jede Entscheidung und alles, was Sie tun, entsteht immer aus dem jeweils aktuellen Moment. Das heißt, Sie müssen vor allem berücksichtigen, in welcher Lebenssituation Sie sich gerade befinden.

Welche Schlüsse können Sie daraus für sich ziehen? – Streichen Sie von nun an die Bewertung gut oder schlecht aus Ihrem Repertoire, wenn Sie etwas zu erledigen haben. Erfüllen Sie Ihre Aufgaben und tun Sie, was Sie tun müssen oder sollen. Sie geben automatisch Ihr Bestes, wenn etwas wichtig ist. Sie müssen sich nicht zusätzlich durch den Gedanken antreiben, dass es perfekt sein muss. Tun Sie es einfach. Arbeiten Sie Ihre Aufgaben ab. Eine nach der anderen. Perfekt, gut oder schlecht – diese Bewertung spielt jetzt keine Rolle mehr. Auf dieses Weise handeln Sie nach Ihren eigenen Maßstäben und nicht mehr nach denen, die Ihnen diktiert werden und Sie nur unter Druck setzen. Bleiben Sie authentisch. Kommen Sie zu sich und bleiben Sie sich dadurch treu.

Die eigenen Ansprüche herunterschrauben ist das lang ersehnte Ziel vieler Frauen. Und genau diese Fähigkeit zu erlangen ist in der Mitte des Lebens ein wesentliches Ergebnis des persönlichen Reife- und Entwicklungsprozesses. Doch es dauert eine Weile. Denn vom eigenen hohen Anspruch wegzukommen ist nicht mit dem einmaligen guten Vorsatz getan. Es ist ein Prozess, der dauert, und diesem geht zunächst die Entscheidung voraus: Ich möchte davon weg. Ich möchte mich an diesem Wahnsinn nicht mehr länger beteiligen. Ich möchte von nun an freundlicher und nachsichtiger mit mir umgehen. Mit diesem Entschluss finden Sie nach und nach zu folgender inneren Haltung:

»Ich muss jetzt nicht mehr alles können.«

»Ich muss jetzt nicht mehr alles wissen.«

»Ich muss jetzt nicht mehr alles richtig machen.«

»Ich muss mich jetzt nicht mehr völlig verausgaben.«

»Ich muss jetzt nicht mehr alles mitmachen.«

»Ich muss jetzt nicht mehr für alle da sein.«

»Ich muss jetzt nicht mehr ständig zur Verfügung stehen.«

»Ich muss mich jetzt nicht mehr über alles aufregen.«

»Ich muss jetzt nicht mehr für alles die Verantwortung übernehmen.«

Und diese Haltung bringt mehr Ruhe in Ihr Leben, weil Sie gereift sind. Denn auch Ihre Gefühle und Einstellungen reifen und werden älter.

Doch woran liegt es eigentlich, dass es in der Lebensmitte leichter wird, sich mit sich selbst auszusöhnen und sich sogar langsam vom Perfektionsanspruch zu verabschieden? Das hat damit zu tun, dass sich unsere Werte verändern; und dadurch schrumpfen unsere Selbstansprüche endlich auf Normalgröße zusammen. Wir kommen endlich bei uns an. Wir sind nicht nur in der Lebensmitte, sondern wir finden von hier aus auch unsere Mitte. Das heißt, wir lassen uns nicht mehr so stark von außen leiten. Denn wir wollen uns von nun an von uns selbst, also von innen leiten lassen. Wir erkennen jetzt – durch Erkrankungen und Verluste und durch das eigene Altern –, wie vergänglich das Leben ist. Viele Dinge, denen wir bislang nachgejagt sind, die also einen Wert für uns hatten, werden deshalb auf einmal unwichtiger. Wir zahlen nicht mehr jeden Preis für oberflächliche Nichtigkeiten, sondern erfreuen uns an den kleinen, kostbaren Dingen des Lebens.

Da wir in der Lebensmitte Bilanz ziehen, kommen unsere bisherigen Wertvorstellungen auf den Prüfstand. Das stimmt uns nachdenklich, lässt uns einiges hinterfragen oder motiviert uns, unsere Werte, die wir vielleicht das eine oder andere Mal verraten haben, doch wieder zu verteidigen.

Es ist noch gar nicht lange her, da haftete Werten noch etwas Altmodisches, Verstaubtes an. Doch die Zeiten haben sich geändert. Der Ruf nach Werten wird heute wieder lauter. Eine werteorientierte Erziehung ist wichtig und deshalb wollen wir unseren Kindern auch gute Werte vermitteln. Als Führungskraft wollen wir werteorientiert führen, um das Potenzial unser Mitarbeiter auszuschöpfen und um ein gutes Betriebsklima zu schaffen. Und da wir ständig hören oder lesen, dass echte Werte in unserer Gesellschaft angeblich immer mehr verloren gehen oder verrohen, wollen wir wieder wertschätzender miteinander umgehen.

Werte zeigen uns an, was für uns wichtig ist. Sie sind die Grundlage unseres täglichen Handelns. Werte sind ganz bestimmte Vorstellungen und Wünsche davon, wie wir leben wollen. Unsere Werte geben uns also vor, wie wir miteinander umgehen. Sie bestimmen mit, wie wir von den Menschen um uns herum behandelt werden möchten. Und sie sagen uns auch klar und deutlich, wie wir nicht behandelt werden wollen. Wenn Höflichkeit für Sie einen Wert darstellt, dann werden Sie selbst auch höflich sein und dann wollen Sie auch von anderen höflich behandelt werden. Das heißt, wenn Sie jemanden grüßen, dann wollen Sie auch zurückgegrüßt werden, weil es eben Ihren Wertvorstellungen von Anstand und Benehmen entspricht. Wenn Aufrichtigkeit und Ehrlichkeit einen hohen Stellenwert für Sie haben, dann werden Sie andere Menschen kaum belügen. Falls doch, so werden Sie dabei zumindest ein schlechtes Gewissen, wenn nicht sogar Schuldgefühle haben. Und Sie werden sicher auch Ihren Kindern vermitteln, dass Aufrichtigkeit und Ehrlichkeit kostbare Werte sind, nach denen sie sich im Leben richten sollen. Wenn Aufrichtigkeit und Ehrlichkeit für Sie wertvoll sind, dann heißt das aber auch, dass Sie selbst auch nicht belogen werden möchten. Sollten Sie das trotzdem erfahren, so werden Sie vermutlich sehr verletzt reagieren, weil Sie sich in Ihren Wertvorstellungen getäuscht und verraten fühlen. Sollten Aufrichtigkeit und Ehrlichkeit hingegen nicht so hohe Werte für Sie sein, dann wird es Sie auch nicht weiter stören, wenn Sie hin und wieder einmal hintergangen werden. Dasselbe gilt auch für andere Werte wie zum Beispiel Treue, Respekt, Zuverlässigkeit oder Verantwortungsgefühl.

Ihre persönlichen Werte sind immer an Idealvorstellungen geknüpft. Kurz gesagt bedeutet das: So will ich behandelt werden. So will ich leben. So will ich sein.

Warum? Weil es mir wichtig ist. Weil es eine Bedeutung für mich hat. Weil es eben für mich einen Wert in meinem Leben darstellt.

Unsere Werte sind also das Geländer, an dem wir uns durch unser Leben hangeln. Sie sind es, an denen wir uns selbst und im Umgang mit anderen Menschen orientieren. Allerdings sind sie nicht starr, sondern sie verändern oder verschieben sich im Laufe unseres Lebens.

Nun gibt es verschiedene Schauplätze in unserem Leben, auf die sich unsere Werte beziehen. Hier geht es um die Rollen und Funktionen, die wir haben. Die vordergründigen sind Arbeit und Beruf, Partnerschaft und Familie sowie Freundeskreis und Freizeitleben. Diesen Bereichen schreiben wir eine gewisse Gewichtung zu. Das heißt, wir bewerten sie.

Es kann zum Beispiel sein, dass Arbeit für Sie einen hohen Wert darstellt. Vielleicht möchten Sie beruflich sehr erfolgreich sein, möglichst viel Verantwortung übernehmen, Karriere machen und viel Geld verdienen. Für andere ist die Arbeit zwar ein wichtiger Lebenspfeiler, aber sie muss vor allem sinnvoll sein und im Einklang mit der Familie stehen. Ständig unterwegs zu sein oder endlose Überstunden zu machen liegt manchen einfach nicht. In diesem Fall hat also die Familie einen höheren (Stellen-) Wert als die Arbeit oder es hält sich die Waage.

Vielleicht gehören Sie aber auch zu den Frauen, denen die Familie über alles geht und für die Arbeit und Beruf eher einen nebensächlichen Stellenwert hat. Oder für Sie sind vor allem berufliche Selbstbestimmtheit und Unabhängigkeit erstrebenswerte Ziele und Werte. Und deshalb überlegen Sie, ob nicht vielleicht eine Selbstständigkeit für Sie infrage kommen könnte.

Einige Werte können und werden sich im Laufe Ihres Lebens verändern, denn sie tragen mit zu Ihrer persönlichen Entwicklung bei. Je nachdem wie alt sie sind, wie Sie erzogen wurden, was für Freundschaften Sie hatten und wo oder mit wem Sie leben – von all diesen Zusammenhängen hängt die Entwicklung und Veränderung Ihrer Werte ab. Und mit dem Älterwerden verschiebt sich in der Regel die Gewichtung unserer Wertigkeiten, die wir unseren jeweiligen Lebensbereichen zuschreiben.

Ein Verrat an den eigenen Werten bedeutet immer ein Stück Selbstaufgabe. Vielleicht haben Sie auch das Gefühl, dass Sie manchmal Ihre Werte verraten haben. Sie haben die Seitensprünge Ihres Mannes toleriert, obwohl es Sie innerlich zerrissen hat. Sie haben für andere gelogen, um sie zu decken, obwohl für Sie Wahrheit immer wichtig war. Sie mussten beruflich eine Meinung vertreten, obwohl es Ihnen widerstrebte. Verrat an den eigenen Werten heißt: Ich gebe etwas auf, obwohl es für mich wichtig ist und eine Bedeutung hat. Ich verlasse mich selbst. Ich werde mir selbst untreu.

Bestimmte Werte zu haben bedeutet damit also letztlich nichts anderes, als etwas in unserem Leben eine ganz besondere Bedeutung zuzuschreiben. Das ist für mich wichtig. Es ist von Belang. Es ist mir nicht gleichgültig, wie ich behandelt werde, was ich tue und was um mich herum geschieht. Es bewegt mich, es berührt mich. Ein Wert ist für mich ein Maßstab. Er ist mein persönlicher Maßstab. Werte umfassen meine Vorstellungen von Gerechtigkeit, von Sinn, von Achtung und Würde. Wir umgeben uns deshalb in der Regel mit Menschen, die ähnliche Werte haben wie wir, weil wir uns bei ihnen sicher und aufgehoben fühlen. Fühlen wir uns von einem dieser Menschen enttäuscht und uns in unseren Werten missachtet und verletzt, dann kommt es häufig zu Krisen. Manchmal haben wir dann keine Wahl: Wir müssen Konsequenzen ziehen, um unsere Würde zu schützen und zu bewahren.

Wenn Sie also intensiv über sich und Ihr Leben nachdenken, dann deutet das darauf hin, dass sich Ihre Wertvorstellungen neu ordnen und sortieren. Das muss so sein, sonst würden Sie sich nicht entwickeln. Finden Sie daher heraus, welche Werte Ihnen heute wichtig sind, und leben Sie danach. Wie? Indem Sie sich selbst ernst und wichtig nehmen und danach handeln. Und indem Sie jeden Versuch von außen, Ihre Werte zu verletzen, mit Selbstachtung verteidigen. Und damit Ihnen das gut gelingt, gehen Sie Ihrer Gefühlswelt auf den Grund.

Teil III: Was sind das für Gefühle und wie gehe ich damit um?

Um Ihre Gefühle zu verstehen, sollten Sie sich Ihnen aufrichtig zuwenden. Denn wenn Sie das eine oder andere Gefühl erkannt haben, dann können Sie sich darin üben, zukünftig besser damit umzugehen. Dadurch werden Sie nicht mehr so häufig und so stark von Ihren Gefühlen überrollt. Und falls doch, dann wissen Sie zumindest, was gerade mit Ihnen geschieht, und Sie haben ein paar Strategien zur Hand, wie Sie in dieser Zeit gut für sich sorgen können. Deshalb möchte ich Sie anregen, zwei Dinge zu tun:

- Erstens, Ihr Herz in die Hand zu nehmen und wirklich mutig hinzusehen. Nehmen Sie sich selbst aufmerksam wahr und befragen Sie sich selbst.
- Zweitens empfehle ich Ihnen, Ihre Einsichten und Erkenntnisse niederzuschreiben, damit Sie jederzeit darauf zurückgreifen können.

Unterschätzen Sie keinesfalls den Effekt, etwas zu verschriftlichen. Wir prägen uns dadurch unsere Gedanken und Gefühle intensiver ein. Kaufen Sie sich dafür am besten ein schönes Heft oder Ringbuch, in das Sie Ihre beschriebenen Blätter einheften können. Nennen Sie es Ihr ganz persönliches Lebensmitte-Buch, in das Sie immer mal wieder während dieser bedeutsamen Lebensphase hineinschreiben.

Sie können auch halbjährlich oder jährlich ein Foto von sich einkleben, dann können Sie sehen, wie Sie sich im

Laufe der Zeit auch äußerlich verändert haben. Jede Zeile, die Sie in Ihr Lebensmitte-Buch schreiben, ist eine Zeile Ihrer ganz persönlichen Lebensgeschichte. Bedenken Sie, wie schön es sein wird, wenn Sie im Alter einmal darin blättern.

Mit diesem Buch erschaffen Sie sich aber noch etwas anderes, das sehr wichtig ist. Sie entwickeln für sich ein Selbstschutzprogramm, das Ihnen in den akuten Situationen hilft, selbstfürsorglich zu handeln. Denn wenn Sie oft von einem Gefühl ins andere stürzen, dann benötigen Sie hin und wieder etwas, auf das Sie schnell zurückgreifen können, um in den jeweiligen Krisensituationen gewappnet zu sein.

Sie lesen im Folgenden von verschiedenen Gefühlszuständen, die Ihnen vielleicht so oder ähnlich bekannt vorkommen. Außerdem erhalten Sie Anregungen, sich intensiv mit Ihren Gefühlen auseinanderzusetzen und Ihr Befinden zu verbessern. Sie werden manches, was in Ihnen geschieht, besser verstehen. Sie werden erkennen, dass Sie keineswegs alleine sind. Und Sie können sich nach und nach darin üben, anders mit Ihren sich wandelnden Gefühlen umzugehen.

Entdecken Sie Ihre Gefühlswelt neu, um dieser turbulenten Lebensphase ein wenig das Rätselhafte zu nehmen. Es ist eine Einladung an Sie, auf Entdeckungsreise zu gehen, damit Sie erkennen, was wirklich für Sie zählt.

1. Selbstzweifel: Das Gefühl, nicht richtig zu sein

Haben Sie manchmal das Gefühl, dass mit Ihnen etwas nicht stimmt? Können Sie sich im Moment immer schlechter entscheiden und zweifeln Sie oft an sich selbst? Und erleben Sie, dass sich diese Unsicherheit durch die Reaktionen der Menschen um Sie herum nur noch weiter verstärkt? Denn ausgerechnet die halten Ihnen gerade jetzt auch noch vor, viel zu empfindlich zu sein oder permanent zu stark zu reagieren. Und dabei können Sie Vorhaltungen dieser Art derzeit wirklich am wenigsten gebrauchen.

Es ist schon interessant: Sobald Sie sich anders verhalten als sonst, gehen viele der Menschen um Sie herum erst einmal auf die Barrikaden. Das Seltsame ist nur: Wie oft wurde Ihnen geraten, Sie sollten mehr an sich denken, sich endlich mehr durchsetzen, sich mehr Freiräume schaffen und sich nicht immer alles gefallen lassen? Nun tun Sie es, und plötzlich scheint das auch nicht richtig zu sein. Stattdessen werden Sie jetzt gelegentlich mehr oder weniger für unzurechnungsfähig erklärt. Und nicht selten folgt der Satz: »Ach, das sind jetzt wohl die Wechseljahre.«

Solche Aussagen sind nicht nur demütigend, sondern in höchstem Maße unverschämt.

Gisela, 49 Jahre: *Ich bin in der letzten Zeit reichlich durch den Wind. Ich rege mich wirklich über jede Kleinigkeit auf. Aber dadurch, dass die anderen mich inzwischen für verrückt erklären, rege ich mich natürlich noch mehr auf. Ich fühle mich absolut unverstanden. Schließlich werde ich überhaupt nicht mehr ernst genommen. Die behandeln mich, als wäre ich eine Idiotin. Und besonders kränkend finde ich, wenn sie sagen: »Mensch, hoffentlich sind die Wechseljahre bald vorbei, dann wird sie wenigstens wieder normal.« Inzwischen frage ich mich: Bin ich denn wirklich so schlimm?*

Kein Wunder, dass Gisela sich nicht angenommen fühlt. Schließlich wird sie als ganze Person abgelehnt. Ihre Gefühlsausbrüche werden ganz pauschal als negative Begleiterscheinung der Wechseljahre reduziert. Dabei wäre es doch gerade jetzt hilfreich, sie in ihrer neuen und veränderten Gefühlswelt ernst zu nehmen und zu begleiten.

Christine, 44 Jahre: *Früher ging ich immer gerne shoppen. Ich konnte mich auch immer schnell entscheiden. Mittlerweile brauche ich aber ewig, bis ich das Richtige finde. Ich weiß einfach nicht, wofür ich mich entscheiden soll. Ich probiere immer wieder das eine und dann wieder das andere an. Oder ich renne wie eine Verrückte ständig zwischen Umkleidekabine und Verkaufsraum hin und her. Irgendwann bin ich dann so genervt, dass ich gar nichts kaufe. Oder ich schlage zu und nehme dann alles. Das frustriert mich aber nur noch mehr. Und kürzlich habe ich mich sogar gefragt, ob Rot mir überhaupt noch steht. Dabei ist Rot doch meine Lieblingsfarbe.*

Selbstzweifel in der Lebensmitte treten nicht nur in privaten sondern auch in beruflichen Situationen auf. Viele Frauen, die sich sonst in ihrem Arbeitsbereich sicher fühlten, stellen an sich auf einmal eine gelegentliche Verunsicherung fest.

Heike, 52 Jahre: *Ich weiß eigentlich schon, was ich kann. Schließlich bin ich sehr erfahren und kenne die Tücken der*

Projektanträge sehr genau. Aber seitdem ich die neue Kollegin habe, bin ich ganz unsicher geworden. Sie ist so schnell und ihr geht alles so leicht von der Hand. Während ich immer länger brauche, um mich zu konzentrieren, und viel Ruhe brauche, kriegt sie selbst im größten Trubel noch alles hin. Ich frage mich, ob ich das alles noch so schaffe. Oder ob ich nicht inzwischen zu alt oder zu langsam bin. Ich bin ja schon über 50.

Selbstzweifel treten in der Mitte des Lebens manchmal ganz unverhofft auch. Plötzlich stellen wir unsere Kompetenz infrage, wir meinen, uns unangemessen zu benehmen, sind ständig unschlüssig und trauen uns in manchen Phasen so gut wie gar nichts mehr zu. Selbst im Umfeld unserer vertrauten Personen können sie sich plötzlich ihren Weg suchen. Kein Wunder, dass es irgendwann so weit geht, dass wir an unserem Verstand zweifeln und meinen, irgendwie nicht mehr richtig zu sein.

Angelika, 47 Jahre: *Wir haben kürzlich mit Freunden zusammen gekocht. Und der Abend war eigentlich auch ganz schön und gesellig. Aber ich hatte am nächsten Tag das Gefühl, ich hätte mich irgendwie total danebenbenommen. So als hätte ich die ganze Zeit nur dummes Zeug geredet. Dabei sagte mein Mann, das sei überhaupt nicht so gewesen, aber ich habe stundenlang an mir gezweifelt. Und dann wurde ich schon richtig misstrauisch und habe selbst meinem Mann nicht mehr geglaubt.*

In der Mitte des Lebens ist es nicht selten, dass sich Unsicherheit und Selbstzweifel verstärken. Wir fühlen uns dann manchmal in uns selbst erschüttert und sind ganz irritiert davon, was für eine Flut an Gefühlen plötzlich in uns losbricht. Trotzdem sind gelegentliche Selbstzweifel nicht gleich Anzeichen für ein tiefgreifendes Selbstachtungsproblem, schreibt die Publizistin Susie Reinhardt in *Psychologie Heute* (Ausgabe 11/2006). Bedenklich wird es erst dann, wenn die kritischen Gedanken unseren Alltag beherrschen. Natürlich macht uns eine auf Jungsein ausgerichtete Gesellschaft das Leben noch zusätzlich schwer, denn wenn wir meinen, stets klar und orientiert sein und überall mithalten zu müssen, schleichen sich Selbstzweifel unweigerlich ein. Sie verstärken sich besonders, wenn wir uns mit anderen vergleichen. Und meistens vergleichen wir uns nicht mit denjenigen, die weniger als wir können, sondern mit denen, die wir bewundern oder beneiden. Vielleicht kennen Sie das auch: Sobald Ihnen eine Aufgabe vielleicht wirklich einmal weniger gut gelingt, stellen Sie sich erst einmal selbst infrage. Sie haben den Eindruck, alle anderen sind viel besser, während Ihnen scheinbar die einfachsten Dinge nicht mehr von der Hand gehen.

Diese Verunsicherung ist übrigens eine Erscheinung, mit der Sie keineswegs alleine dastehen. Viele Frauen haben von jeher sehr hohe Ansprüche an sich selbst und denken vorschnell: »Ich habe versagt«, anstatt sich wie viele Männer zu sagen: »Die Sache ist eben nicht so gut gelaufen.« Die Publizistin Birgit Schönberger berichtet in *Psychologie Heute* (Ausgabe 01/2011), dass Frauen trotz guter oder überdurchschnittlicher Leistungen an sich zweifeln. Sie lenken ihre Aufmerksamkeit eher auf Ihre Schwächen und nicht auf das, was sie können. Während wir also zum Tiefstapeln neigen, tendieren Männer dazu, sich selbst zu überschätzen, wobei es hier natürlich auch Ausnahmen gibt. Selbstzweifel gehören also nicht nur zum Leben, sondern offenbar besonders zum Frausein dazu, was jedoch keineswegs bedeutet, sich ihnen widerstandslos zu unterwerfen. Wir können sie als uns zugehörig anerkennen, um dann jedoch bewusst gegenzusteuern, wenn sie sich gerade einmal wieder zu sehr in unserem Leben ausbreiten.

Ihre Zweifel an sich selbst, an Ihrem Handeln, an dem, was Sie sind, wie Sie sich geben oder wie Sie aussehen, signalisieren Ihnen in der Lebensmitte, dass Sie sich in einem Übergang befinden. Und da Sie natürlich noch nicht wissen, wo die Reise hingeht, irritiert Sie das natürlich zunächst. Sie merken, Sie sitzen im Moment nicht mehr so fest in Ihrem Lebenssattel. Auch die feste Stimme, auf die Sie sich sonst immer so gut verlassen konnten, klingt auf einmal etwas schwach und brüchig.

Wenn Sie zweifeln, dann sind Sie verunsichert und natürlich leichter verführbar und manipulierbar, was Ihre Entschlüsse und Entscheidungen betrifft. Und Sie sind viel empfänglicher für abschätzende Blicke und Bemerkungen, die häufig letztlich nur dazu dienen sollen, Sie wieder in die richtige Spur – will heißen: auf den alten Pfad zurückzubringen. Wenn Sie plötzlich in Bereichen unsicher sind, in denen Sie sonst immer sicher waren, dann kommen Sie unweigerlich innerlich ins Wanken. Wenn Sie sich dann noch irgendwie fremd in ihrer Haut und ihrem Körper fühlen, dann ist es wohl kein Wunder, dass Sie kaum noch die Kraft haben, sich gegen manche Ungerechtigkeiten zu wehren.

Allerdings zieht das leider mit sich, dass Sie vermutlich die eine oder andere Bemerkung sogar annehmen, obwohl sie keineswegs angemessen ist. Oder Sie lassen sich von den Erwartungen anderer aufscheuchen und stellen sich dann selbst infrage, wenn Sie diese nicht erfüllen. Hinzu kommt, dass das Streben nach Perfektion – einer Erscheinung, der wir Frauen bekanntermaßen ganz besonders unterliegen – verhindert, eine Phase der Unschlüssigkeit und Unsicherheit auch einmal auszuhalten. Sie müssen ja keineswegs gutheißen, was zurzeit in Ihnen passiert. Aber Sie sollten sich selbst ein wenig Verständnis und Toleranz entgegenbringen – gerade dann, wenn es die anderen schon nicht tun. Jetzt ist die richtige Zeit, sich darin zu üben.

Wenn Sie an sich zweifeln, dann sind Ihre Grenzen weniger stabil. Und das Unverständnis oder die Ungeduld der Menschen um Sie herum weicht Ihre Grenzen nur noch mehr auf. Doch gerade jetzt sollten Sie wachsam sein und sich gegen Unverschämtheiten wehren und eine andere Haltung gegenüber abfälligen Äußerungen einnehmen. Das setzt voraus, dass Sie zunächst eine andere Einstellung sich selbst gegenüber gewinnen. Denn nur so können Sie vermeiden, dass andere Sie so stark aus dem Takt bringen.

Machen Sie sich bewusst: Es gibt keinen Grund, dass Sie sich selbst infrage stellen, nur weil Sie manchmal unkonzentrierter, unschlüssiger, weniger entscheidungsfreudig oder impulsiver sind.

Wehren Sie sich daher gegenüber abfälligen oder zynischen Bemerkungen, denn sie sind eine Form der Herabsetzung und Demütigung, die Sie sich keinesfalls gefallen lassen sollten. Sobald Ihre Befindlichkeit oder Reaktionen verächtlich oder spöttisch kommentiert werden, ist das eine Verletzung Ihrer Würde. Und das dürfen Sie niemandem gestatten.

- Lassen Sie nicht zu, dass die Aussagen anderer so stark auf Ihr Gefühlsleben einwirken, und schränken Sie sie ein. Verbitten Sie sich ganz klar unangemessene Sprüche. Negative oder abfällige Kommentare anderer sind nämlich die Quelle, aus der sich viele Selbstzweifel erst nähren. Und da Sie sich im Moment schon selbst genug infrage stellen, können Sie überflüssige Bemerkungen von außen noch viel weniger gebrauchen.
- Halten Sie sich vor Augen: Es ist völlig irrelevant, ob Sie aufgrund einer hormonellen Umstellung, wegen Überarbeitung oder aufgrund sonstiger Ereignisse zurzeit schneller aus der Haut fahren oder empfänglicher für kritische Blicke und Bemerkungen sind. Es ist auch vollkommen egal, ob Sie im Moment zögernder in Ihren Entschlüssen und Entscheidungen sind. Fakt ist: Im Moment sind Sie so. Gestatten Sie sich daher selbst, sprunghaft zu sein, und gehen Sie dadurch ein wenig nachsichtiger mit sich selbst um.
- Üben Sie sich darin, sich mit Ihrer Wankelmütigkeit anzunehmen. Sagen Sie sich: Mag sein, dass ich zurzeit etwas aufbrausender, empfindsamer, unsicherer oder gereizter bin. Na und? Diese Gefühle gehören auch zu mir. Das bin ich. Lebendige und unwillkürlich hervorbrechende Gefühle gehören jetzt in meine Lebensphase. Und da meine Gefühle mich als Menschen schließlich ausmachen, bin ich damit auch genau richtig.
- Sie können sich auch Umdeutungen zunutze machen, um entsprechend auf die Bemerkungen anderer zu reagieren: Auf »Jetzt sei doch nicht so aufbrausend« kann folgen: »Ich bin eben in dieser Sache engagiert.« Auf: »Bist du heute wieder empfindlich« könnten Sie antworten: »Zum Glück bin ich ein empfindsamer Mensch.« Und auf: »Du bist aber heute wieder angriffs-

lustig« könnten Sie sagen: »Na und? Zurzeit bin ich eben etwas leidenschaftlicher.«
Schreiben Sie die negativen, vorwurfsvollen Sätze auf, die Sie von anderen gehört haben oder die Sie vermutlich sogar selbst hin und wieder missbilligend denken. Und notieren Sie daneben Ihre Umdeutungen, damit Sie diese parat haben und sich besser einprägen. Auf diese Weise polen Sie nämlich Ihre Selbstzweifel um. Statt sich selbst zu fragen, ob Sie gerade mal wieder falsch gehandelt oder reagiert haben, gehen Sie so viel freundlicher mit sich um. Und wenn andere das schon nicht machen, dann sollten Sie es wenigstens tun.

Natürlich haben Selbstzweifel oft auch tiefere Gründe. Jeder Mensch hat schließlich eine eigene Gefühlsbiografie. Das heißt, einige Ihrer Selbstzweifel speisen sich auch aus der Quelle Ihrer frühkindlichen Erfahrungen. Andere Verunsicherungsgefühle haben sich in Ihnen hingegen erst durch schmerzvolle Ereignisse mit anderen Menschen – also im Laufe Ihres Lebens – entwickelt. Nicht selten werden sogar bewältigt geglaubte Selbstzweifel in der Lebensmitte erst wieder aktiviert. Das liegt daran, dass Sie nun dünnhäutiger sind und dadurch viel offener und zugänglicher für die Gefühle, die tief in Ihnen schlummern.

Wichtig in dieser Zeit des Zweifelns ist vor allem, dass Sie sich selbst ganz bewusst erlauben, so zu sein: Ja, Sie dürfen impulsiv und aufgelöst sein. Ja, Sie dürfen ängstlich und unentschlossen sein. Und vor allem: Sie sind auch berechtigt dazu.

Schreiben Sie also für sich auf:
Ich darf so sein, und ich bin auch berechtigt, aufbrausend zu sein.

Ich darf so sein, und ich bin auch berechtigt, unschlüssig zu sein.
Ich darf so sein, und ich bin auch berechtigt, unsicher zu sein.
Ich darf so sein, und ich bin auch berechtigt, wankelmütig zu sein.
Ich darf so sein, und ich bin auch berechtigt, ...

Wenn Sie diese Haltung einnehmen, dann nehmen Sie sich selbst wichtig mit Ihren Gefühlen, auch wenn sie möglicherweise zurzeit starken Schwankungen unterliegen.

Nehmen Sie sich selbst ernst, damit auch andere Menschen es tun!

Wenn Sie an sich selbst zweifeln und unsicher sind, dann kann Ihnen auch helfen, sich einen imaginären Schutzraum zu schaffen.

Das ist ein freundlich eingerichteter Raum zwischen der realen Welt – also den jeweiligen Situationen – und Ihrer selbstzweifelnden Gefühlswelt. In diesem Schutzraum steht ein Tisch und auf diesem liegt ein Blatt Papier, auf dem verschiedene Sätze stehen, die ganz speziell für Sie notiert wurden. Darauf steht zum Beispiel:

Ich schaffe das!
Ich kann das!
Ich bin gut!
Ich bin eine erwachsene, reife Frau.
Ich darf so sein.
Ich darf das tun.
Ich habe viel Erfahrung.
Ich kann mich auf mich verlassen.

Ich schaue mir das jetzt erst mal an.
Ich gehe da jetzt einfach mal hin.

Sobald also wieder Selbstzweifel vor, in oder nach einer Situation in Ihnen aufflackern, denken Sie an diesen Raum. Treten Sie ein, nehmen Sie das Blatt vom Tisch und lesen Sie sich die Sätze durch. Am besten schreiben Sie diese Sätze wirklich auf. Nehmen Sie dafür ein besonderes Blatt Papier. Vielleicht suchen Sie sich ein farbiges aus oder eines mit besonders edler Papierqualität. Schreiben Sie diese Sätze darauf, als wären Sie Gebote. Denn sie sollen Ihnen Kraft geben.

Und was ist, wenn die Selbstzweifel sich trotz allem Bemühen einfach nicht verscheuchen lassen? Dann sollten Sie das tun, was in der heutigen Zeit kaum noch jemand kann: Halten Sie aus, was Sie empfinden und wie Sie sich gerade fühlen. Manchmal gibt es eben kein Zauberwort, das Ihnen sofort Ihre Unsicherheit nimmt. Sie können Ihre Zweifel und Verunsicherung höchstens ein wenig besänftigen, indem Sie sich gut zureden. Treiben Sie sich nur keinesfalls zu Höchstleistungen an, wenn Sie sich sowieso schon geschwächt fühlen. Und verabschieden Sie sich von dem Gedanken, dass irgendetwas mit Ihnen nicht stimmt.

Ohne Frage, das ist in der heutigen Zeit nicht leicht. Denn Sie kennen das von sich sicher auch: Sie wollen gerne für alles sofort Lösungen haben. Sie sind es gewohnt, Plan B bereits parat zu haben, wenn Plan A nicht funktioniert. Und wenn es Ihnen mal nicht gut geht, dann wollen Sie sich sofort wieder in ein optimales Wohlbefinden heben. Dagegen ist zunächst auch nichts einzuwenden. Doch in dem Streben nach Wohlbefinden und ewiger Glückssuche vergessen wir, dass es auch zum Leben gehört, weniger Erfreuliches auszuhalten und zu ertragen. Und das braucht manchmal eben seine Zeit.

Die Lebensphase, in der Sie sich gerade befinden, ruft vielleicht hin und wieder Selbstzweifel in Ihnen hervor. Aber genau die haben auch eine wichtige Funktion. Denn alles Bisherige soll bei Ihnen noch einmal auf den Prüfstand kommen. Sie fahren so gesehen mit Ihrem Leben zum TÜV und schauen nach, was bleiben kann, wie es ist, und ob etwas ausgetauscht und erneuert werden sollte. Dieser Prüfstand ist wichtig, denn er hilft Ihnen, danach zu fragen, ob es wirklich noch Ihr Leben ist, durch das Sie fahren. Es geht keineswegs darum, dass Sie sich an Ihren Selbstzweifeln erfreuen. Aber Sie sollten sie als das sehen, was sie sind:

> *Selbstzweifel sind Gefühle, die in Ihnen wichtige Fragen produzieren, damit Sie für die nächsten Jahrzehnte die richtigen Antworten finden.*

Verschiedene Gefühle dürfen also ruhig nebeneinander stehen. Wenn Sie in dem einen Moment selbstsicher sind, schließt das deshalb keineswegs aus, dass Sie einen Augenblick später schon wieder an sich zweifeln. Aber umgekehrt gilt das Gleiche: Wenn Sie jetzt unsicher sind, dann muss auch das keineswegs für immer so bleiben. Vielleicht haben Sie oft den Eindruck, dass das, was Sie gerade empfinden, niemals endet. Aber Gefühle wechseln, und zwar ständig. Sie durchlaufen jeden Tag unzählige Gefühle und Stimmungen, die Sie kaum bewusst einfangen können. Wenn Sie versuchen würden, jedes Gefühl und jede Stimmung im Verlauf eines Tages aufzuzählen, so wären Sie damit vor eine kaum lösbare Aufgabe gestellt. Lassen Sie daher zu, dass im Moment besonders viele Gefühle nebeneinander stehen und dass sie auch ihre Berechtigung haben. Das darf so sein und zurzeit muss das auch sein. Warum? Weil Sie sich verändern. Gehen Sie daher mit Ihren Schwankungen wohlwollender um und folgen Sie ihnen hin und wieder. Mag sein, dass Rot bislang immer Ihre Lieblingsfarbe war. Aber Braun steht Ihnen im Moment eben auch ganz gut.

Vertrauen Sie darauf, dass das Leben Sie führt. Es geht nicht darum, dass Sie den Hauptpreis als beste Ehefrau, souveräne Kollegin, verständnisvolle Mutter oder allzeit bereite Freundin gewinnen. Es geht vielmehr um Ihr eigenes, Ihr authentisches Leben. Und um Ihre lebendige Gefühlsvielfalt, die Ihre Lebenszeit jetzt ganz besonders ausmacht.

Zum Festhalten:

Das, was Sie gerade erleben, ist völlig normal. Selbstzweifel gehören in aufwühlende Lebensphasen. Lassen Sie sich bloß nicht als gestört abstempeln und verbitten Sie sich abfällige Bemerkungen. Sie sind berechtigt, zu fühlen, was sie fühlen. Doch erlauben Sie es sich vor allem selbst!

2. Überrumpelungsfalle: Das Gefühl, ständig zu tun, was andere wollen

Wie oft haben Sie schon Dinge getan, die Sie eigentlich nicht tun wollten? Und gehören Sie auch zu den Menschen, die sich im Nachhinein furchtbar über sich ärgern, weil sie sich immer wieder von anderen überrumpeln lassen, obwohl sie genau das doch nicht mehr zulassen wollten? Fragen Sie sich auch, warum Ihnen in den entscheidenden Momenten niemals die richtigen Sätze einfallen?

Wenn Sie das Gefühl haben, viel zu oft das zu tun, was andere wollen oder von Ihnen erwarten, dann handeln Sie fremdbestimmt statt selbstbestimmt. Da Sie genau das spüren, ärgern Sie sich im Nachhinein auch so sehr über sich selbst. Schlimmstenfalls stecken Sie danach noch über Stunden in Ihrem eigenen Ärger fest. Viel zu oft schieben wir in solchen Momenten die Verantwortung denjenigen zu, die uns vermeintlich in diese Situation gebracht haben. Allerdings liegt das Verhalten der anderen weder in unserer Verantwortung noch in unserem Einflussbereich. Wenn Sie auf der Straße eine fremde Person ansprechen und diese Sie fragen würde, ob Sie ihr 100 Euro schenken, würden Sie das tun? Wohl kaum. Ich will damit sagen: Jeder Mensch kann Sie fragen, was er will. Und jeder kann von Ihnen auch verlangen oder erwarten, was er will. Das ist das Recht und auch die Freiheit eines jeden Menschen. Entscheidend ist jedoch, wie Sie darauf reagieren!

Andrea, 51 Jahre: *Ich saß kürzlich ganz gemütlich mit meiner Freundin beim Frühstück, als ich plötzlich einen Anruf aus der Arztpraxis erhielt. Die Arzthelferin verlangte, ich solle noch am selben Tag die Röntgenaufnahmen zurückzubringen, die ich kürzlich mitgenommen hatte. Falls nicht, dann müsse ich diese bezahlen. Ich habe zwar noch nachgefragt, wieso, aber ich habe die Argumente überhaupt nicht verstanden. Das hat mich alles so aufgeregt, dass ich mich kaum noch auf meine Freundin konzentrieren konnte. Und nachmittags habe ich mich dann noch abgehetzt und die Röntgenbilder vorbeigebracht.*

Andrea ist direkt in die Überrumpelungsfalle getappt und hat sich völlig unter Druck setzen lassen. Sie war zwar am Telefon zunächst irritiert, hat immerhin noch genauer nachgefragt, aber letztlich hat sie nachgegeben und ihr Handeln somit von der Arzthelferin bestimmen lassen.

Claudia, 46 Jahre: *Ich bin in der Mittagspause lieber alleine. Ich habe keine Lust, mit den anderen essen zu gehen. Ich brauche einfach diesen Rückzug für mich. Und gestern stand schon wieder meine Kollegin in der Tür und fragte mich, ob ich nicht mit ihr essen gehen will. Und ich dachte sofort: Nein, ich will nicht. Schon gar nicht, weil ich genau wusste, dass sie die ganze Zeit wieder nur von sich und ihren ganzen Problemen reden würde. Aber sie ließ einfach nicht locker. Und was mache ich? Ich gehe mit. Ich war total genervt und habe mich den ganzen Nachmittag noch über mich geärgert.*

Monika, 56 Jahre: *Ich war kürzlich bummeln. Ich wollte eigentlich gar nichts kaufen, sondern nur mal so rumgucken und vielleicht mal etwas anprobieren. Ich bin dann mit einer Hose in die Umkleidekabine gegangen, und als ich rauskam, da stand da plötzlich die Verkäuferin und meinte, wie gut mir die Hose doch stehen würde. Ich fand, die saß gar nicht so richtig, und mir war die auch eigentlich viel zu teuer. Aber weil die da stand, habe ich mich total unter Druck gesetzt gefühlt und mich nicht getraut, die Hose nicht zu nehmen. Und später dachte ich: Ich bin jetzt 56 Jahre und ich traue mich nicht, eine Hose zurückzuhängen, nur weil da eine Verkäuferin steht?*

Die drei Frauen tappten direkt in die Überrumpelungsfalle und ließen sich auf etwas ein, was sie eigentlich nicht tun wollten. Damit handelten sie gegen ihre eigenen Überzeugungen, Wünsche und Bedürfnisse und folgten den Erwartungen und Wünschen anderer. Und damit nicht genug: Anstatt sich mit sich zu versöhnen und sich diesen schwachen Moment zu verzeihen, ärgerten sie sich danach so sehr über sich selbst, als würde die Situation noch über Stunden weiter andauern.

Es ist für niemanden einfach, in Überraschungsmomenten selbstbestimmt und überlegt zu reagieren. Gerade dann, wenn wir uns sowieso nicht ganz bei uns selbst fühlen, sind wir für andere besonders leichte Beute. Zudem gehört es einfach zum Menschsein dazu, dass wir hin und wieder in Überraschungsfallen tappen. Auch wenn wir uns gewöhnlich recht gut abgrenzen können, kann uns das passieren. Oft hängt es von unserer jeweiligen Tagesform ab oder der momentanen Lebenssituation, in der wir uns gerade befinden. Um trotzdem gut gewappnet zu sein und diese Situationen, in denen Ihnen das widerfährt, möglichst gering zu halten, gibt es jedoch ein paar Grundregeln.

Generell sollten Sie Folgendes verinnerlichen: Nichts kann so dringend sein, als dass etwas sofort oder heute zwingend entschieden oder erledigt werden muss. Es gibt nur eine einzige Ausnahme: Es handelt sich um einen medizinischen Notfall. Viele Menschen wenden in unserer schnelllebigen Zeit gezielt Panikmache an oder spielen uns

Dringlichkeit vor, um ihre eigenen Interessen möglichst schnell und unkompliziert durchzusetzen. Einige setzen auf Mitleid, andere sind sehr beharrlich oder sogar penetrant und wieder andere agieren unangemessen fordernd und forsch. Die Arzthelferin wollte ihre Angelegenheit schnell mit einem Anruf erledigen. Die Kollegin blieb beharrlich, weil sie nicht alleine essen und sich entlasten wollte. Die Verkäuferin dagegen hat nur das getan, was letztlich ihre Aufgabe ist: jede Kundin dazu bewegen, etwas zu kaufen.

In der Lebensmitte fühlen wir uns häufig geschwächter als früher. Selbst wenn Sie sich immer gut abgrenzen konnten, so sind Sie vielleicht nun in einer Phase, in der Sie labiler sind und es Ihnen weniger gut gelingt, Grenzen zu ziehen. Mag sein, dass das jetzt so ist. Aber verurteilen Sie sich nicht dafür!

Möglicherweise sind Sie aber auch gerade an den Punkt gelangt, an dem Sie sich sagen: »Schluss jetzt! Ab jetzt will ich mich nicht mehr von anderen bestimmen lassen. Jetzt will ich es gezielt angehen und nicht immer wieder in die Überrumpelungsfalle tappen und die Erwartungen anderer erfüllen.«

Damit Ihnen das gelingt, hilft eine kleine

Selbsterkundung:

Notieren Sie drei Situationen, in denen Sie sich überrumpelt fühlten und etwas taten, was nicht Sie, sondern andere wollten oder von Ihnen erwarteten.

- *Wer hat etwas von Ihnen erwartet oder verlangt? (War es eine vertraute oder eine fremde Person?)*

- *Was genau hat diese Person von Ihnen erwartet oder gewollt?*
- *Wo wurden Sie überrumpelt? (Am Telefon oder eher im direkten persönlichen Kontakt?)*

Durch diese Selbsterkundung können Sie herausfinden, wo Ihr persönlicher Schwachpunkt liegt, damit Sie sich besser auf das nächste Mal vorbereiten können. Sie wissen dann, ob Sie eher bei vertrauten Personen – vielleicht sogar immer denselben – in die Überrumpelungsfalle tappen oder eher bei fremden Menschen. Zukünftig können Sie bei den entsprechenden Personen besonders alarmiert und vorbereitet sein. Es ist auch ein Unterschied, ob Sie am Telefon schneller hereinfallen oder eher im persönlichen Kontakt. Und schließlich ist natürlich wichtig: Sind es Situationen, die sich ständig wiederholen oder die sich ähneln? Vielleicht stellen Sie fest, dass es sich immer nur um ganz bestimmte Situationen handelt. Beruflich lassen Sie sich womöglich nicht mehr so leicht von Ihren Kollegen für deren Zwecke benutzen, weil Sie dort in einer anderen Rolle sind. Im privaten Bereich hingegen, also in Ihrer Funktion als Ehefrau, Freundin oder Tochter, werden Sie eher schwach, weil Sie emotional viel stärker mit diesen Menschen verbunden sind. Oder es ist genau umgekehrt: Zuhause setzen Sie sich ohne Probleme durch und im Beruf geben Sie immer wieder nach, sobald Ihre Kollegin Sie um einen Gefallen bittet.

Mir haben schon einige gestandene Frauen erzählt, dass sie nicht mehr ans Telefon gingen, wenn sie an der Anzeige sahen, dass es jemand ist, der sie schon oft überfahren hat. Sie fürchteten schon im Vorfeld, dass da wieder etwas kommt, was die Freundin, Mutter oder Schwiegermutter von ihnen erwartet oder verlangt, was sie eigentlich nicht tun wollen. Doch sie fühlten sich in diesem Moment einfach nicht in der Lage, dem etwas entgegenzusetzen – und sind dann eben nicht ans Telefon gegangen. Doch damit war die Situation nur aufgeschoben und vor allem: Sie wirkte innerlich weiter. Denn in der Regel lassen Menschen mit ihren Erwartungen und Anliegen kaum von alleine locker. Bedenken Sie: Es ist eine erhebliche Einschränkung Ihres freien Lebens und Wohlbefindens, wenn Sie anderen Menschen so viel Raum in Ihrem Leben geben. Geben Sie daher keinem Menschen so viel Macht über Sie, dass Sie sich eingeengt fühlen, sich vor lauter Angst abschotten und gegen Ihren Willen handeln! Sollten Sie das von sich kennen, so ist dies ein deutliches Signal, dass es für Sie nun ein neues Übungsfeld gibt.

Schließen Sie daher ab sofort folgenden Vertrag mit sich selbst, und zwar indem Sie aufschreiben:

»Ich tue ab jetzt immer nur das, was ich will, und nicht das, was andere von mir erwarten!«

Bekommen Sie nun keinen Schreck: Das ist weder krankhafter Egoismus noch die Aufforderung, von nun an rücksichtslos über Leichen zu gehen. Es ist vielmehr der Appell an Sie, sich in Ihrer Selbstbestimmtheit zu üben. Das ist nicht nur Ihr Recht; es ist Ihre Pflicht sich selbst gegenüber, zukünftig in Ihrem Sinne zu handeln. Schließlich geht es dabei um Ihre kostbare Zeit, Ihr Geld, Ihren Seelenfrieden und Ihr Wohlbefinden. Das hat nichts mit überzogenem Egoismus zu tun, sondern mit einer behutsamen und schützenden Selbstsorge, die Sie von nun an für sich übernehmen.

Also fangen Sie jetzt an und üben Sie Folgendes:

Treffen Sie eine Woche lang ganz bewusst keine spontanen Entscheidungen! Das heißt, geben Sie eine Woche lang niemandem eine unmittelbare Zusage! Auch wenn Sie sich einer Sache ganz sicher sind. Sagen Sie trotzdem nicht zu! Denn die Übung heißt nun: Zeitgewinn.

Das gilt auch dann, wenn Sie in der einen oder anderen Situation bereits beschlossen haben, dass Sie etwas tun wollen. Üben Sie den Zeitgewinn. Er ist der entscheidende Puffer zwischen einer Anfrage, Erwartung und Ihrer Reaktion. Dieser Puffer, diese minimale Zwischenzone, ist genau jener Teil Ihres Selbstschutzprogramms, mit dem Sie sich aus jeder akuten Situation retten können. Sie entscheiden sich damit noch nicht gegen die Anfrage. Aber Sie sagen eben auch noch nicht zu. Sie setzen damit einen winzigen Schritt früher an. Sie gewinnen eine neutrale Zeitzone, in der Sie nun in Ruhe überlegen können, ob Sie etwas Bestimmtes auch wirklich wollen.

Sind Sie Autofahrerin? Wenn Sie an einem Hang stehen und anfahren wollen, dann gibt es einen minimalen Punkt, an dem der Wagen nicht zurückrollt. Es ist der Spielraum, während Sie die Kupplung kommen lassen und Gas geben, um anzufahren. Sie können ihn einen kurzen Moment halten, ohne dass er in Bewegung kommt. Um diesen Moment geht es in den klassischen Überrumpelungssituationen.

Nachdem Sie sich entschieden haben, eine Woche lang keine spontanen Zusagen zu machen, kommt der nächste Schritt:

Legen Sie sich ein paar Antworten zurecht. Schreiben Sie Sätze auf, die Sie in dieser Woche zu Anliegen ande-

rer Personen sagen werden. Achten Sie dabei auf Folgendes: Teilen Sie Ihre Antworten Ihrem Gegenüber mit, aber erklären Sie sich nicht und rechtfertigen Sie sich nicht! Das ist für viele Frauen anfangs ganz besonders schwer.

Antworten könnten zum Beispiel sein:

»Vielen Dank, aber ich muss terminlich erst noch etwas klären.« (Nicht sagen, was! Nicht rechtfertigen! Nicht erklären!)

»Ich nehme das jetzt erst mal zur Kenntnis.«

»Ich melde mich dann wieder.« (Heute Abend, morgen, übermorgen ...)

»Rufen Sie doch bitte in drei Stunden noch mal an.«

»Ich sage dir später Bescheid.«

»Ich werde es mir überlegen.«

»Ich kann das jetzt noch nicht entscheiden.«

»Ich kann dazu im Moment noch nichts sagen.«

»Ich möchte erst darüber nachdenken.«

»Ich bin im Moment noch unschlüssig.«

Und nun lernen Sie die drei Sätze auswendig, die Sie aufgeschrieben haben, weil sie besonders auf die Personen oder die Situationen gut passen, in die Sie immer mal wieder geraten.

Lernen Sie maximal drei Sätze – keinesfalls mehr! – auswendig wie Formeln, die Sie von nun an gezielt einsetzen. Weshalb drei? Weil mehr auswendig gelernte Sätze Sie überfordern können. Denn wenn Sie zu viele Antworten zur Verfügung haben, dann fällt Ihnen in der jeweiligen Situation überhaupt keine mehr ein. Sie müssten erst überlegen, für welche Antwort Sie sich nun entscheiden wollen.

Üben Sie zunächst eine Woche lang! Und wenn Sie merken, dass es Ihnen guttut, verlängern Sie um eine Woche. Auf diese Weise verinnerlichen und festigen Sie Ihren Entschluss, anders als bislang zu reagieren. Denn alte Verhaltensweisen ändern sich nicht, indem wir ausschließlich darüber lesen, sondern indem wir die neuen Verhaltensweisen praktisch üben. Und zwar immer und immer wieder.

Ein kleiner Tipp noch:
Wenn Sie den Zeitpuffer zwischen der Anfrage und Ihrer Antwort etwas ausdehnen wollen, dann machen Sie Folgendes: Zählen Sie, bevor Sie antworten. Ganz gleich, in welcher Situation. Wo immer jemand Ihnen eine Frage stellt: Zählen Sie 21, 22, 23.

Zählen Sie vor jeder Antwort, die Sie geben. Wenn Sie in einer Bäckerei sind und die Verkäuferin Sie fragt, was Sie möchten: Zählen Sie, bevor Sie antworten. Wenn im Restaurant der Kellner kommt und die Bestellung aufnehmen will: Zählen Sie, bevor Sie antworten. Wenn das Telefon klingelt, dann zählen Sie, bevor Sie den Hörer abnehmen. Es wird Ihnen anfangs länger vorkommen, als es ist. Keine Sorge, dass es negativ auffällt. Im Gegenteil, Sie wirken dadurch besonnener. Und es ist für Sie ein optimales Übungsfeld zu lernen, bewusster zu handeln und Zeit zu gewinnen.

Sobald Sie sich nun diese Zeitzone verschafft haben, können Sie überlegen, was Sie wirklich wollen. Die drei Grundfragen lauten:

- Will ich das? Kann ich das? Tut mir das gut?

Wollen Sie die Sache für Ihren Mann oder Ihre Mutter

erledigen? Möchten Sie die Hose wirklich haben? Können Sie zeitlich die Aufgabe für Ihre Kollegin übernehmen? Tut es Ihnen gut, wenn Sie die Einladung annehmen?

Überlegen Sie gut, was Sie können und was Sie möchten. Wägen Sie genau ab, was Ihnen guttut. Jetzt haben Sie die Zeit dafür. Glückwunsch! Denn Sie haben sich die Zeit selbst geschaffen. Und denken Sie nicht daran, was die Erwartungen und Wünsche der anderen sind. Üben Sie! Bleiben Sie nur bei sich! Es ist Ihr Leben!

Wir alle geraten hin und wieder in die Überrumpelungsfalle. Nur, warum ist das eigentlich so?

Ein wesentlicher Punkt ist: Wir lassen uns in unserer schnelllebigen Zeit viel zu sehr unter Druck setzen. Alles muss heute schnell gehen. E-Mails sollen zügig beantwortet werden, Lösungen müssen bei einem Problem sofort her und wer drei Tage nicht erreichbar ist, löst Sorge aus und Fassungslosigkeit oder gilt als desinteressiert. Nicht erreichbar zu sein wird nur noch akzeptiert, wenn wir so krank sind, dass wir weder sprechen noch aufstehen können oder: wenn wir tot sind. Und so werden wir alle täglich von allen Seiten bedrängt und unter Druck gesetzt und üben diesen Druck auch selbst aus. Wir alle spielen das Spiel mit. Aber sehnen wir uns nicht auch alle nach Entschleunigung?

Wenn Sie zukünftig ruhiger und besonnener reagieren wollen, dann haben Sie keine Wahl. Sie müssen aus dem schnellen Motorboot aussteigen und ins Ruderboot wechseln.

Das heißt, sobald Sie jemand unter Druck setzt, sobald Sie das Gefühl haben, unter Druck zu stehen, steigen Sie aus. Sobald Ihnen jemand einreden will, sich sofort entscheiden zu müssen, steigen Sie aus. In anderen Worten: Lassen Sie umgehend davon ab – ganz gleich, was es ist.

Sie sehen ein Kleidungsstück, können sich aber noch nicht entscheiden? Lassen Sie davon ab! Sie sollen sich jetzt festlegen, wo der nächste Urlaub hingehen soll, sind aber noch unschlüssig? Lassen Sie davon ab! Das ist anfangs schwer auszuhalten, aber Sie spielen den Ball der Person zurück, die Sie unter Druck setzen will. Sie befreien sich von dem allgegenwärtigen Entscheidungszwang, den viele Menschen inzwischen verinnerlicht haben. Sie machen sich frei von dem gierigen Verlangen, das andere in Ihnen erzeugen wollen oder das Sie vielleicht selbst in sich spüren. Vertrauen Sie: Wenn der schöne Pulli weg ist, dann ist er eben weg. Sie werden einen anderen finden, der vielleicht günstiger ist oder Ihnen sogar noch besser gefällt. Wenn Sie ein Möbelstück sehen, aber noch unschlüssig sind, dann entscheiden Sie sich jetzt nicht. Ist es später noch da, gut so. Falls es weg ist, dann sollte es eben nicht sein. Sie werden ein anderes finden. Handeln Sie ab sofort selbstbestimmt! Denn jedes Zögern ist Ihr Signal: Sie brauchen noch Zeit, um die Angelegenheit zu überdenken. Also nehmen Sie sich die Freiheit, zögerlich zu sein. Denn von nun an lassen Sie sich nichts mehr überstülpen. Sie lassen sich nicht mehr überrumpeln.

Zum Festhalten:

Nichts ist so dringend, dass es sofort erledigt oder entschieden werden muss. Sobald Sie Druck spüren, steigen Sie aus. Üben Sie sich im Zeitgewinn und entscheiden Sie dann, was Sie wollen, und nicht, was andere erwarten.

3. Sehnsucht nach Rückzug: Das Gefühl, viel mehr Ruhe und Zeit für sich zu brauchen

Sich hervortun, im besten Licht zeigen, selbstbewusst aus sich herausgehen. Wo wir auch hinsehen, die Lust, sich selbst zur Schau zu stellen und zu zeigen, blüht, schreibt die Publizistin Anna Roming in *Psychologie Heute* (Ausgabe 01/2011). Werbung für sich selbst machen und Eindruck schinden sind moderne Tugenden geworden. Sie passen allerdings nicht in die Gefühlswelt der Lebensmitte.

Wenn Ihnen derzeit vieles zu laut, zu schnell und zu anstrengend wird, dann kennen Sie sicher auch das starke Verlangen nach Ruhe, Ruhe und nochmals Ruhe. Vielleicht haben Sie den ganzen Tag mit Kunden zu tun. Sie sprechen mit jungen, mit alten, freundlichen und unfreundlichen Menschen. Sie haben Kontakt mit Kolleginnen und Kollegen, die Sie mehr oder weniger gut um sich haben können. Sie begegnen auf der Straße oder im Hausflur Personen, die Ihnen sympathisch oder unsympathisch sind. Menschen, mit denen wir in Beziehung stehen, ob beruflich oder privat, erwarten von uns immer irgendeine Form der Aufmerksamkeit. Die Nachbarn wollen gegrüßt werden, vielleicht ein kleines Schwätzchen halten. Die Kollegen erwarten Engagement und Kollegialität, die Vorgesetzten Arbeitseifer und Konzentration, und die Kunden fordern ungeteilte Zugewandtheit und Geduld. Schwierig wird es, wenn diese Erwartungen in einer Zeit auf Sie einströmen, in der Ihnen alles viel schneller als gewöhnlich auf die Nerven geht und Sie manchmal von jetzt auf gleich am liebsten flüchten würden. Was also tun, in einer Arbeitswelt, die auf Tempo angelegt ist, die Ihnen immer mehr neue Aufgaben auferlegt und in der Sie ohne bedingungslosen Veränderungswillen schnell als unflexibel gelten?

Was tun, wenn die Ansprüche, Probleme und Erwartungen von Partnern, Eltern, Kindern, Nachbarn oder Freunden so viel Raum einnehmen, dass es erdrückend wird?

Egal, was von Ihnen verlangt wird und wer etwas von Ihnen erwartet: Sie brauchen Auszeiten, Unterbrechungen, Pausen – und zwar in kürzeren Intervallen und deshalb öfter als früher. Sie sind in der Lebensmitte und haben zurzeit nicht die Kraft und auch nicht mehr die Nerven, um auf alles und jeden einzugehen und zu reagieren. Auch wenn Ihre Mitmenschen bislang eine stärkere Zuwendung von Ihnen gewohnt sind oder sich diese weiterhin wünschen: Sie sind im Moment eben nicht mehr so belastbar – Punkt! Wenn Sie im Moment einfach keine Lust mehr haben, auf alles und jeden einzugehen, sondern nur Ihre Ruhe haben wollen, dann reicht das als Grund!

Sylvia, 51 Jahre: *Ich habe wieder eine neue Klasse bekommen. Die kleinen Schüler sind natürlich viel anstrengender. Ich muss permanent ansprechbar sein, denn die haben ja noch so viele Fragen. Und in der Schule habe ich doch kein eigenes Büro für mich. Ich kann nie das Gesicht hängen lassen und muss irgendwie immer verfügbar sein. Mich strengt das zurzeit sehr an. Dann war letzte Woche auch noch Elternsprechtag. Und es sind fast alle gekommen. Das finde ich zwar gut, aber ich war dann abends völlig erledigt und wollte nur noch meine Ruhe haben.*

Was meinen Sie? Ist es in Ordnung, wenn ein Mensch sich nach einem anstrengenden Tag eine Weile zurückzieht, um sich zu erholen? Vermutlich stimmen Sie dem uneingeschränkt zu. Doch obwohl das selbstverständlich sein sollte, praktizieren viele Frauen genau das Gegenteil. Falls Sie auch dazugehören, so wird es Zeit, dass Sie sich darin üben, Selbstverständlichkeiten auch für sich selbst in Anspruch zu nehmen. Denn was für andere zweifelsohne zutrifft, gilt schließlich auch für Sie.

Kennen Sie das? Ihr Sohn oder Ihre Tochter kommt nach Hause, sagt kurz »Hallo« und verschwindet sofort auf Nimmerwiedersehen in seinem/ihrem Zimmer. Oder Ihr Mann geht ganz selbstverständlich abends oder direkt nach der Arbeit an den PC oder setzt sich am Wochenende wann immer er will vor den Fernseher.

Und Sie? Wie selbstverständlich nehmen Sie sich Ihre Freiräume? Erst dann, wenn die anderen um Sie herum beschäftigt sind? Oder gehen Sie Ihrem Rückzugsbedürfnis ganz unvermittelt nach? Wie leben Sie eigentlich Ihren Rückzug?

Gabriele, 45 Jahre: *Ich möchte im Moment ganz oft für mich sein. Ich möchte nur lesen, Tagebuch schreiben, Musik hören und meinen Gedanken einfach nachhängen. Ich habe auch keine Lust, großartig zu reden. Mein Mann meinte, ich solle mal mit der Grübelei aufhören. Ich sei ja schon depressiv. Aber das ist es nicht. Ich will einfach nur in Ruhe gelassen werden und über mein Leben nachdenken. Ich bin nicht depressiv. Vielleicht manchmal etwas melancholisch. Ich glaube, das trifft es eher. Das ist auch sehr schön. Schaurig-schön irgendwie.*

Wir empfinden in der Lebensmitte unsere Innenwelt intensiver, und das wollen wir auch leben. Deshalb tritt in dieser Phase bei vielen Frauen der verstärkte Wunsch auf, möglichst viele Momente für sich alleine zu verbringen. Das ist allerdings nicht immer einfach, wenn Partner und Kinder weiterhin Ihre ungeteilte Aufmerksamkeit fordern. Doch dieser Rückzug ist wichtig, damit Sie sich Ihren Sehnsüchten öffnen und sich ihnen mal wieder eine Zeit lang hingeben können. Und das funktioniert natürlich am besten in der Stille und Zurückgezogenheit.

Die Sehnsucht hilft uns manchmal dabei, unserem Leben eine neue Richtung zu geben oder blockierte Ziele zu verarbeiten, berichtet der Publizist Klaus Wilhelm in *Psychologie Heute* (Ausgabe 06/2009) über Studien von Dana Kotter-Grühn und Susanne Scheibe. Unsere Sehnsüchte ranken sich dabei um die Grundmotive unseres Lebens und weniger um Konkretes wie Geld. Und es ist nicht selten, dass wir uns neu orientieren, wenn wir unseren Sehnsüchten folgen. Denn die Sehnsucht regt uns an, sie motiviert uns. Um ihre Stimme zu hören, müssen wir die Stille suchen, auch, um uns vielleicht von manchem Ungelebtem und Unerlebtem zu verabschieden. In der Mitte des Lebens wollen wir uns mit dem, was unerfüllt blieb, aussöhnen, damit es nicht wie ein Stachel in uns stecken bleibt. Dazu zählen auch Ziele, von denen wir immer glaubten, sie doch noch eines Tages zu erreichen.

In der Lebensmitte sind wir reifer. Und deshalb wollen und können wir uns dem jetzt stellen. Wir wollen ganz bewusst das Vergangene würdigen und gerade deshalb locken wir die Sehnsüchte manchmal auch aktiv hervor. Wie? Indem wir uns in Stimmung bringen: mit bestimmten Büchern, mit Texten, Fotos oder Musik.

Manchmal verstärken auch einschneidende Ereignisse, die in dieser Lebensphase häufiger auf uns zukommen, unser Rückzugsbedürfnis:

Karin, 56 Jahre: *Seitdem meine Schwester letztes Jahr schwer erkrankt und nun gestorben ist, bin ich sehr viel nachdenklicher geworden. Mir ist klar geworden: Es kann uns alle jederzeit treffen. Ich dachte immer, Krebs bekommen immer nur die anderen. Und jetzt ist der Tod so nah in mein Leben gerückt. Ich merke, ich will jetzt auch ganz viel an sie denken. Meine Lebensgeschichte mit ihr würdigen. Wir sind doch zusammen aufgewachsen. Und dafür brauche ich einfach die Stille und mehr Zeit für mich.*

Wenn Menschen aus unserem nahen Umfeld sterben, verändert sich die Sicht auf unser Leben und die Welt. Und wenn wir uns dann zurückziehen, dann würdigen wir damit das Leben und auch die Toten. Wir wollen nicht sofort zur Tagesordnung übergehen. Das letzte Geleit endet nicht mit der Bestattung, sondern wirkt noch eine Zeit lang in unser Leben hinein, das wir nun ohne diesen Menschen weiterführen müssen. Und auch unsere Liebe und die Beziehung zu den Toten endet nicht mit deren Tod. Außerdem denken wir durch endgültige Verluste auch wieder anders über unser eigenes Leben nach. Krankheit und Sterben, der Tod – auch der eigene – rücken jetzt näher: »Auch mich kann es treffen. Auch ich kann erkranken. Auch mein Leben kann schnell enden.« Und wir fragen uns:

Was ist wirklich wichtig?

Wer bin ich?

Aber vor allem geht es um die Frage: Wer bin ich jetzt?

Petra, 47 Jahre: *Seit ich Brustkrebs habe, lebe ich viel bewusster. Das wollte ich immer, aber leider habe ich das erst durch die Krankheit gelernt. Ich will diese ganze Hektik auch nicht mehr mitmachen. Sollen die doch alle rennen. Ich verstehe selbst nicht mehr, wieso ich immer so viel Tempo in mir hatte. Wozu nur? Ich bin jetzt viel ruhiger. Ich will meine Zeit genießen. Ich weiß ja nicht, wie lange ich noch habe. Auch wenn es mir jetzt gut geht.*

Falls Sie auch ein starkes Bedürfnis nach Zurückgezogenheit haben, so finden Sie zunächst heraus, wovon. Denn viele Frauen merken zwar eine permanente Unzufriedenheit in sich, ohne jedoch zu verstehen, worauf sie sich genau bezieht. Sobald Sie das herausgefunden haben, wird die Sicht langsam klarer und dann können Sie nach und nach erste Schritte wagen, dieses unbefriedigte Lebensgefühl zu besänftigen.

Beantworten Sie sich daher ganz offen und ehrlich diese Fragen:

- *Gibt es bestimmte Menschen, zu denen ich mir im Moment mehr Abstand wünsche?*
- *Gibt es fest eingefahrene Verabredungen, Verpflichtungen oder Termine, derer ich momentan überdrüssig bin?*
- *Gibt es bestimmte Aufgaben oder Routinen, die für mich zurzeit sehr belastend oder kaum erträglich sind?*

Vielleicht möchten Sie Ihren Rückzug aber auch auf eine ganz andere Weise leben – zum Beispiel indem Sie mal wieder öfter weggehen. Vielleicht in die alte Kneipe von früher? Oder indem Sie in die Stadt fahren, in der Sie studiert oder Ihre Ausbildung gemacht haben? Und wie fühlt sich die Vorstellung an, einmal die Orte aufzusuchen, wo Sie mit Ihrer ersten Liebe waren?

Brauchen Sie mehr Abstand von Ihren Kollegen? Gehen Sie doch mittags einmal alleine um den Häuserblock. Oder verlassen Sie das Büro oder die Teamsitzung und waschen Sie sich ganz bewusst die Hände. Das ist eine kleine Form des inneren Rückzugs, der sehr intensiv erlebt werden kann, wenn Sie ihn ganz bewusst vollziehen.

Die Temperatur des Wassers, das Reiben der Hände, das Ineinandergreifen der Finger: Wie hört es sich an, die Seife in den Händen zu reiben? Wie riecht sie? Wie fühlt sich das Handtuch an? Welche Farbe hat es?

Rückzug, in welcher Form auch immer, meint, bei sich einzukehren. Sie möchten auf den eigenen Spuren wandeln. Es ist der Wunsch, dem Innenleben oder der eigenen Geschichte intensiv nachzugehen. Nur eben oft bevorzugt alleine oder vielleicht mit den engsten Freundinnen oder den Geschwistern.

Rückzug zu leben heißt aber auch, dass Sie nun lernen, Ihre eigenen, neuen Belastungsgrenzen zu erkennen und anzunehmen. Stellen Sie sich von nun an auf Ihren veränderten Kräftehaushalt ein.

> *Berücksichtigen Sie in Ihrem Tagesablauf, dass Sie derzeit weniger Reserven zur Verfügung zu haben. Nehmen Sie sich daher öfter kleine Pausen. Auszeiten, Zeit zum Luftholen und Sammeln.*

Diese Räume und diese Zeit müssen Sie sich allerdings selbst nehmen. Von alleine gibt sie Ihnen niemand! Sie brauchen jetzt einen Rückzugsort, an dem die Maske fallen kann: mal nicht lächeln. Nicht reden. Nicht aufmerksam sein. Nicht konzentriert zuhören. Nicht sortiert sein.

Sondern: endlich allein. Schweigen. Still sein. Bei mir sein. In mir sein.

Bedenken Sie: Wenn Sie sich mehr Raum und Zeit für sich selbst nehmen, dann muss das nicht heißen, gegen andere Menschen zu handeln, sondern es heißt: für sich selbst zu sorgen und zu handeln. Es bedeutet also eine Ergänzung

Ihres Lebensraumes. Es geht darum, dass Sie Ihre Innenwelt erweitern. Hier geht es um das bereits erwähnte Sowohl-als-auch und nicht um ein Entweder-oder.

Falls Sie durch Ihren Rückzugswunsch Spannungen in Ihrem Umfeld befürchten, so teilen Sie sich mit:

- »Ich möchte jetzt mal eine halbe Stunde nicht ansprechbar sein.«
- »Ich möchte von nun an auch mal etwas alleine machen.«
- »Ich merke, da verändert sich etwas in mir.«
- »Ich will jetzt nicht mehr so viel fernsehen. Ich ziehe mich lieber etwas zurück.«
- »Ich möchte im Moment nicht so viel unternehmen.«

Vielleicht wagen Sie auch ein Experiment und leben Stille einmal gemeinsam mit Ihrer Familie. Wenn Sie gemeinsam essen, dann üben Sie, zusammen zu schweigen. Das kann auch schon während der Vorbereitung des Essens sein. Nicht sprechen. Nur hören, riechen, schmecken, wahrnehmen. Das Klappern der Teller, die Sie aus dem Schrank nehmen und auf den Tisch stellen. Der Duft des Essens. Lauschen Sie den einzelnen Geräuschen. Auch dabei können Sie sich erholen. Übrigens alle, die am Tisch sitzen! Es ist ein spannendes Experiment. Schweigen während des Essens wird nur dann belastend, wenn Streit und Spannung im Raum schweben. Hier geht es aber darum, gemeinsam Stille zu erfahren und herauszufinden, ob es erholsam für Sie sein kann. Jeder zieht sich in sich selbst zurück und bleibt doch mit allen Sinnen präsent. Probieren Sie aus, ob das gut für Sie ist.

Sie merken: Es geht darum, dass Sie viel mit sich experimentieren, um zu entdecken, was Ihnen Wohlbefinden und

Erholung verschafft. Wenn die anderen mitmachen, ist es interessant, sich über das Erlebte auszutauschen. Wenn die anderen nicht mitmachen wollen, dann machen Sie es für sich alleine. Dann, während die anderen sich unterhalten. Sie müssen ja nicht mitreden. Nur wahrnehmen.

Obwohl viele Frauen sich Rückzug wünschen, fühlen sie sich oft durch andere behindert. Manchmal ist es auch so. Veränderung stößt eben nicht immer auf Verständnis.

Doch oft sind Frauen auch selbst die Barriere, die sich ihnen in den Weg stellt. Denn niemand kommt auf Sie zu und sagt: »Möchtest du dich nicht mal etwas zurückziehen? Soll ich dir mal eine schöne Ecke einrichten?«

Männer sind da oft rigoroser. Sie tun es einfach. Sie nehmen sich ihren Freiraum und fragen niemanden um Erlaubnis. Manche Frauen halten genau das ihrem Partner vor: »Du machst einfach, was du willst. Du denkst immer nur an dich.« Doch werfen Sie Ihrem Partner nicht vor, dass er gut für sich sorgen kann, sondern lernen Sie von ihm. Wir Menschen lernen immer voneinander. Auch Sie können Ihren Kreislauf durchbrechen, wenn Sie von nun an fürsorglicher mit sich selbst umgehen. Sie dürfen das! Und Sie übernehmen damit die Verantwortung für Ihr Leben.

Schreiben Sie auf, was Sie sich von nun an erlauben, damit es sich einprägt:

Ich darf gut zu mir sein!
Ich darf für mich sorgen!
Ich darf Geld nur für mich ausgeben!
Ich darf mich zurückziehen!
Ich darf mich um mich selbst kümmern!
Ich darf mich ausruhen!

Seien Sie mutig! Handeln Sie! Und warten Sie nicht auf den vermeintlich passenden Moment. Der richtige Moment ist immer da. Und bedenken Sie: Sie sind verantwortlich für das, was Sie tun, aber auch für das, was Sie unterlassen!

Vertrauen Sie in Ihre Impulse. Es hat schließlich seinen Grund und seinen Sinn, dass der Wunsch nach Rückzug in Ihnen erwacht ist. Gehen Sie ihm nach. Schaffen Sie sich Platz und Raum dafür in Ihrem Leben.

Womit fangen Sie nun praktisch an?

Möchten Sie sich eine räumliche Rückzugsmöglichkeit schaffen? Vielleicht eine Ecke im Zimmer, in der Sie nur für sich sind? Schauen Sie sich Ihre Wohnung einmal ganz bewusst daraufhin an.

Lassen sich nicht mal wieder die Möbel umstellen? Lässt sich ein Sessel so stellen, dass Sie darin mit dem Rücken zu den anderen sitzen? Und wie wäre es, ein Regal dazwischenzustellen oder einfach eine größere Pflanze?

Gibt es einen kleinen Ort in der Küche, den Sie nur für sich gestalten können? Vielleicht dekorieren Sie die Fensterbank für sich neu: mit einer Kerze, einer Blume, einem Stein oder einer schönen Karte. Stellen Sie einen Stuhl mit einem weichen Kissen davor, auf den Sie sich setzen, wenn Sie Ruhe brauchen. Vielleicht möchten Sie sich auch eine kleine Musikanlage ins Schlafzimmer stellen. Legen Sie sich aufs Bett und hören Sie Entspannungsmusik oder ein Hörbuch.

Wie wäre es, eine Wand oder nur den Teil einer Wand neu zu streichen? Oder ein neues Bild zu kaufen oder zu malen, das Sie dort aufhängen, wo Sie oft hinsehen und auf dem sich Ihre Augen ausruhen können? Mit einem Motiv, das Nahrung für Ihre Seele ist.

Falls Ihr Kind gerade ausgezogen ist, so besprechen Sie, ob Sie sich in seinem Zimmer eine kleine Ecke einrichten können. Auf diese Weise geben Sie ihm das Gefühl, nicht gleich das ganze Zimmer zu übernehmen, schaffen sich aber Freiraum für sich.

Haben Sie schon einmal tagsüber Ohrstöpsel getragen? Probieren Sie es aus, denn dadurch hören Sie Ihren Atem. Die Welt klingt dumpfer. Und Sie hören die Innengeräusche Ihres Körpers. Hören Sie hin. So klingen Sie!

Wenn Sie im Sessel oder auf dem Sofa eine Augenmaske tragen, dann verdunkelt diese nicht nur stärker, sondern der sanfte Druck der Maske hilft Ihnen auch dabei, sich leichter zu entspannen.

Und sollten Sie ein Büro für sich alleine haben, dann schließen Sie sich in der Pause ein. Falls Sie es mit jemandem teilen, so sprechen Sie sich ab und verschließen Sie die Tür, wenn Ihre Kollegin oder Ihr Kollege zur Mittagspause geht. Dieser Schließakt hat einen ernormen Effekt, weil Sie dann ganz sicher sein können, dass niemand hereinplatzt, und Sie können sich eine Weile sogar unkultiviert benehmen, wenn Ihnen danach ist.

Sie merken, es gibt unzählige Varianten, Rückzug zu leben und in den Alltag einzubauen. Schreiben Sie alle Gedanken, die Ihnen jetzt kommen, auf. Alle Ideen sind in Ihnen.

Häufig mangelt es gar nicht am Ideenreichtum. Doch viele Frauen zögern mit der Umsetzung, aus Furcht vor unliebsamen Konsequenzen. Und deshalb verbringen sie ihre Lebenszeit damit, sich zwar ständig nach Zurückgezogenheit zu sehnen, ohne sich jedoch diesen berechtigten Freiraum zu nehmen. Manche schaffen es erst, wenn sie in eine tiefe Partnerschaftskrise geraten. Erst dann verschafft ihnen die Kränkung oder Wut die nötige Energie, endlich für sich zu handeln, und zwar ohne sich zu rechtfertigen.

Aber so weit muss es gar nicht erst kommen. Seien Sie mutig! Teilen Sie sich offen mit und sagen Sie ganz ruhig: »Ich brauche das jetzt für mich. Ich bin wichtig.« Schließlich sind Sie auch in einer Partnerschaft und als Mutter ein eigenständiger Mensch. Und Sie haben ein Recht auf Autonomie. In der Regel gewöhnt sich Ihr Umfeld auch bald daran. Die Rebellion findet, wenn überhaupt, meist nur am Anfang statt. Sobald Ihre Mitmenschen merken, dass Sie es ernst meinen und konsequent sind, gewöhnen sie sich daran. Und dann wird ganz schnell Ihr Rückzug zur normalen Alltagssituation. Damit anfangen müssen jedoch Sie!

Sollten abfällige Bemerkungen kommen, dann kontern Sie unmissverständlich deutlich: »Ich glaube nicht, dass ich mich dafür rechtfertigen muss. Ich habe schließlich ein Recht auf meinen Freiraum.«

Und nun mal ehrlich: Sie sind eine reife und erwachsene Frau. Sie müssen sich weder erklären noch entschuldigen, wenn Sie für sich sein wollen. Niemandem gegenüber! Wenn Sie sich jedoch trotzdem mitteilen, dann ist das von Ihnen bereits eine freundliche und entgegenkommende Geste.

Wenn Sie allerdings doch zu beunruhigt oder unsicher sind, so holen Sie die anderen mit ins Boot. Bitten Sie um Unterstützung:

»Hilfst du mir, die Ecke im Wohnzimmer umzugestalten?«

»Suchst du mit mir einen schönen Sessel aus, den ich mir ins Schlafzimmer stellen kann?«

»Hilfst du mir beim Umstellen der Möbel?«

»Kannst du mich bei der Anschaffung einer kleinen Musikanlage beraten?«

Auf diese Weise vollziehen Sie die Veränderung für Ihr Umfeld sanfter. Taktieren Sie also ruhig ein wenig, wenn es Ihnen hilft. Hauptsache, Sie erreichen einen Zustand, der Ihnen wohltut.

Zum Festhalten:

Rückzug ist in Ordnung. Auf welche Weise auch immer. Denn Rückzug leben heißt: Ich bin jetzt wichtig! Gehen Sie dem nach, was in Ihnen nach stiller Aufmerksamkeit verlangt. Horchen Sie nach innen.

4. Empfindsam und empfindlich: Das Gefühl der tausendfach geschärften Sinne

Die gute Nachricht zu Beginn: Sie sind weder krank noch gestört und schon gar nicht übergeschnappt. Auch wenn Ihnen das vielleicht manche Menschen aus Ihrer nächsten Umgebung unterstellen wollen.

Sicher merken Sie, wie empfindsam und empfindlich Sie manchmal sind. Doch wenn Sie schutzloser sind, dann sind Sie automatisch durchlässiger für Reize, die Sie umgeben. Äußere Einflüsse wie Lärm, Gerüche, Temperaturen, visuelle Reize oder Menschenansammlungen: Alles wird Ihnen leicht zu viel, weil Ihre Sinne im Moment außergewöhnlich wachsam und geschärft sind. Und wenn vieles zu nah an Sie herankommt, dann reagieren Sie natürlich verstärkt emotional darauf.

Manuela, 48 Jahre: *Früher habe ich immer gerne ferngesehen und bin auch gerne ins Kino gegangen. Doch nun merke ich, dass mir das alles irgendwie zu schnell und hektisch wird. Ich bekomme die Bilder alle gar nicht mehr verarbeitet. Nach den meisten Filmen komme ich kaum zur Ruhe, und oft liege ich noch lange wach und kann nur ganz schlecht einschlafen.*

Visuelle Eindrücke wühlen auf und lassen sich besonders abends nur schwer verarbeiten. Aber auch zu viele Geräusche lösen von jetzt auf gleich manchmal heftige Gefühlsreaktionen aus.

Dagmar, 51 Jahre: *Ich kann es überhaupt nicht mehr haben, wenn mein Mann mit mir redet und gleichzeitig der Fernseher oder das Radio läuft. Das macht mich inzwi-*

schen richtig rasend. Und auch samstags in der Stadt finde ich es mittlerweile unerträglich. Neben dem ganzen Stimmengewirr kommt ja auch noch diese permanente Musikberieselung dazu. Mir wird manchmal richtig schwindelig und dann merke ich nur eins: Ich muss hier weg.

Manche reagieren stärker auf visuelle Reize, andere nehmen akustische Reize stärker wahr. Alle Sinnesorgane sind auf hoch sensiblen Empfang gestellt und dadurch wird die Umwelt natürlich weitaus störender wahrgenommen.

Jutta, 45 Jahre: *Also entweder mein Freund riecht jetzt stärker als früher oder ich bin wirklich empfindlicher geworden. Ich nehme überhaupt ganz viele Gerüche im Moment intensiver wahr: den Schweiß anderer Leute, Zigarettenrauch und auch Parfum. Ich ekele mich auch neuerdings schneller auf fremden Toiletten. Irgendwie bin ich viel pingeliger geworden, was Sauberkeit und Hygiene betrifft. Ich komme mir manchmal schon richtig zwanghaft vor.*

Viele Reize von außen machen uns das Leben schwer, weil sie nun stärker zu uns hindurchdringen. Wir fühlen uns dadurch schneller belästigt, gestört und schnell überfordert. Doch auch unsere inneren Antennen sind in der Lebensmitte auf feineren Empfang gestellt, und das äußert sich manchmal in einer erhöhten Verletzbarkeit.

Sind Sie zurzeit auch viel schneller gekränkt als sonst? Reagieren Sie neuerdings leicht aufbrausend? Stellen Sie an sich fest, dass Sie vieles sehr persönlich nehmen? Und verletzt es Sie, wenn Sie genau dafür auch noch kritisiert werden?

Es steht grundsätzlich niemandem zu, Sie für ein Gefühl oder eine Empfindung zu kritisieren. Denn Gefühle lassen sich nicht vorwerfen, ausreden oder wegdiskutieren. Es sind Ihre Gefühle, und Ihre Gefühle machen Sie schließlich aus. Wir alle wünschen uns, mit unseren Gefühlen ernst genommen zu werden, und zwar ganz unabhängig davon, was unsere Gründe und Ursachen dafür sind. Falls uns diese Annahme unserer Person nicht entgegengebracht wird, erleben wir das zu Recht als Zurückweisung oder Kränkung.

Von Ihrem Umfeld wird die Tatsache, dass Sie nun weitaus empfindlicher reagieren, vermutlich nicht gerade erfreut zur Kenntnis genommen. Mit einer kleinen Einschränkung: Denn Ihre Empfindlichkeit wird zwar abgelehnt, aber Ihre Empfindsamkeit wird in der Regel hoch geschätzt. Warum? Weil Sie dadurch viel sensibler auf die Belange der anderen eingehen können. Denn durch Ihre verstärkte Empfindsamkeit sind Sie schließlich ganz besonders einfühlsam, und davon profitieren die Menschen um Sie herum natürlich gerne. Die Tatsache, dass Sie zurzeit aber auch empfindlicher sind, wird hingegen nicht so gerne in Kauf genommen. Und das wird Ihnen dann vermutlich auch recht unmissverständlich durch entsprechende Sätze mitgeteilt.

Halten Sie jetzt einmal kurz inne:

- *Wie reagiert Ihr Umfeld auf Ihre erhöhte Sensibilität?*
- *Wie verhalten sich Ihre Freunde, Bekannten, Ihr Partner, Ihre Kinder oder Kollegen, wenn Sie aufbrausend oder verletzt reagieren?*
- *Und was lösen diese Reaktionen in Ihnen aus? Wie fühlen Sie sich danach?*

Reagieren die Menschen um Sie herum verständnisvoll und beschwichtigend? Bleiben sie ruhig und lassen sie Ihnen Ihre Reaktionen? Oder verhalten sie sich verständnislos, abfällig wenn nicht gar spöttisch? Vielleicht spüren Sie aber auch ein flackerndes Unverständnis, das sich in Form einer aufkeimenden Ungeduld zeigt.

Typische Sätze, die für viele Frauen verletzend sind, lauten:

»Nun steigere dich doch nicht immer in alles hinein.«

»Nimm doch nicht immer alles so persönlich.«

»Nun sieh doch nicht alles immer so eng.«

»Mach dir doch nicht immer über alles Gedanken.«

»Mein Gott, bist du heute wieder empfindlich.«

»Du flippst ja jetzt wohl völlig aus.«

Und auch in diesem Zusammenhang:

»Sind das jetzt die Wechseljahre?«

Das sind die Kommentare, die Sie vielleicht zurzeit immer öfter hören – aber vermutlich immer weniger hören können. Kein Wunder, denn Verständnis signalisieren Ihnen solche Aussagen nicht. Selbst wenn sie manchmal gar nicht so übel gemeint sind, wie sie bei Ihnen ankommen; auf diese Weise vorgetragen, werden sie Ihnen in Ihrer Situation kaum helfen. Denn dass Sie empfindlicher sind als sonst, das wissen Sie schließlich selbst. Und sich ständig anzuhören, dass das so ist, hilft Ihnen auch nicht weiter. Ganz im Gegenteil: Es erschwert Ihnen Ihr Leben nur noch mehr.

Wenn jemand über Sie urteilt und behauptet, dass Sie zu empfindlich sind, so ist das eine Missachtung Ihrer Gefühle, gegen die Sie sich ruhigen Gewissens wehren sollten. Denn schließlich:
Wer bestimmt denn, was Sie wann fühlen sollen? Und wer gibt Ihnen vor, wie viel oder wie intensiv Sie fühlen sollen? Ihr Partner? Ihre Eltern? Ihre Kollegen? Ihre Kinder? Und nach wem sollen Sie sich nun richten?
Es gibt nur eine Person: Und die sind Sie selbst!

In der Mitte des Lebens, in der so viele Veränderungen in Ihnen und auch in Ihrer Umgebung geschehen, ist es kaum verwunderlich, dass Sie empfindsamer und natürlich auch empfindlicher sind. Denn gerade jetzt haben Sie schließlich einen viel tieferen Zugang zu sich selbst, den Sie vermutlich auch als sehr bereichernd empfinden. Wenn da nur nicht die andere Seite der Medaille wäre. Denn wenn Sie jede Atmosphäre und Stimmung aufsaugen, wenn Sie Unbehagen selbst körperlich spüren und wenn Sie merken, dass Sie kaum noch Abstand zu Ereignissen oder Reizen gewinnen, dann ist das natürlich sehr belastend. In Lebensphasen, in denen wir besonders empfindsam sind, fehlt die schützende Hülle zwischen uns und unserer Umwelt. Und wir haben vielem kaum noch etwas entgegenzusetzen, wenn wir hoch empfänglich für Reize jeglicher Art sind. Sicherlich kennen Sie das bereits aus vorübergehenden Erschöpfungsphasen. Denn es gibt Zeiträume, in denen wir uns schneller überfordert fühlen und empfindlicher sind als sonst. Eine typische Zeit ist das Jahresende, weil dann die Kraftreserven in der Regel aufgebraucht sind. Und kennen Sie das auch, dass Sie unmittelbar vor dem Urlaub besonders merken, wie kaputt Sie eigentlich sind?

Vielleicht gehört es aber auch zu einem Teil Ihrer Persönlichkeit, ganz besonders empfindsam zu sein. Möglicherweise waren Sie schon immer ein hoch sensibler Mensch, aber Sie sind erst jetzt bereit, sich dieser Eigenschaft wohlwollender zuzuwenden und sie für sich anzunehmen. Möglich ist aber auch, dass Sie sich erst jetzt zu einer besonders empfindsamen Person entwickeln. Sie merken, dass da etwas Neues in Ihnen erwacht. Eine emotionale Tiefe, die vielleicht schon lange unter der Oberfläche schlummerte und nun gelebt werden will. Jetzt sucht sie sich ihren Weg.

Also lassen Sie es zu. Sie wissen doch selbst längst: Sie verlieren unnötig Kraft, wenn Sie sich innerlich verbiegen und Ihre Empfindsamkeit und Empfindlichkeit überspielen. Übrigens: Sehr sensibel zu sein ist keineswegs mit Charakterschwäche gleichzusetzen.

Doch viele Frauen stellen sich infrage, weil sie nicht mehr alles mitmachen oder aushalten können, was andere Menschen gut finden oder tun. Und manchmal schleicht sich dann bei ihnen sogar schon der Gedanke ein, irgendwie nicht ganz richtig zu sein.

Nicht selten löst das Ängste aus, denn sie befürchten, dass sich ihre Empfindlichkeit weiterhin verstärkt. Und durch das Gefühl, anders als andere zu sein, fühlen manche Frauen sich häufig nicht mehr zugehörig.

Sollte es Ihnen manchmal genauso gehen, so nehmen Sie dieses Fremdheitsgefühl an. Unsicherheit und eine gewisse Orientierungslosigkeit gehören im Moment zu Ihnen. In der Lebensmitte fühlen Sie sich manchmal fremd, und zwar nicht nur in sich selbst, sondern auch unter vertrauten Menschen.

Es kann daher durchaus sein, dass Sie sich von Ihrer Familie oder Ihren Freunden manchmal ausgeschlossen oder isoliert fühlen. Das macht auch hin und wieder einsam und löst nicht selten depressive Stimmungen aus. Sollten sich diese verstärken, so ist es wichtig, dass Sie das ernst nehmen und sich eventuell professionelle Hilfe suchen. Denn in der Mitte des Lebens treten manchmal auch zurückliegende, schmerzliche Ereignisse hervor, die noch nicht überwunden sind und die erst jetzt nach intensiver Verarbeitung verlangen. Bitte beachten Sie: Nicht alles ist alleine zu bewältigen und zu schaffen. Auch nicht für Sie!

Nehmen Sie sich ernst und wichtig, und holen Sie sich, was Sie brauchen! Viele Frauen sind zwar gut darin, sich selbstverständlich um andere zu kümmern, aber sie vergessen oft Folgendes: »Auch ich darf mir Unterstützung, Hilfe und Beratung holen!«

In der Zeit der tausendfach geschärften Sinne interessieren sich auffallend viele Frauen für das Thema Hochsensibilität. Das liegt daran, dass sie sich in vielem, was hochsensible Menschen ausmacht, wiederfinden. Die selbst hochsensible österreichische Autorin Marianne Skarics schreibt in ihrem Buch *Sensibel kompetent*, dass hochsensible Menschen gegenüber weniger sensiblen Menschen viel früher überreizt und überstimuliert sind. Genau das erleben viele Frauen in der Lebensmitte auch. Sie fühlen sich oft von inneren und äußeren Reizen überflutet und merken, dass sie dem Anpassungsdruck einfach nicht mehr standhalten können und wollen. Kein Wunder, dass es erleichtert, sich in der hohen Sensibilität wiederzuerkennen. Denn sie spüren auf einmal:

> *Es ist in Ordnung, wie ich bin.*
> *Es gibt andere, denen geht es genauso wie mir.*
> *Da ist kein Makel, der an mir haftet und den ich loswerden muss.*
> *Ich bin nicht gestört oder geisteskrank.*
> *Ich bin einfach nur ein sehr empfindsamer und empfindlicher Mensch.*
> *Oder: Ich stecke im Moment eben in einer besonders sensiblen Lebensphase.*

Sensibel zu sein ist keine Schande und schon gar keine Schwäche. Ganz im Gegenteil: Es ist eine Kostbarkeit! Was wäre unsere Welt ohne die Sensiblen, die Zarten, die unsere

Welt mit ihrer Einfühlsamkeit und Feinfühligkeit bereichern und beschenken? Die Empfindlichkeit gehört dazu. Sie ist die Schwester der Empfindsamkeit, die sie zwar liebt, aber mit der sie sich eben auch hin und wieder streitet. Versuchen Sie daher nicht, jemand zu sein, der Sie nicht – oder nicht mehr – sind. Sie merken doch selbst: Sich einfach ein dickes Fell anschaffen, wie manche Ihnen vielleicht schon oft geraten haben, funktioniert schlichtweg nicht.

Entscheiden Sie für sich selbst:

- *Wie lange wollen Sie noch Ihre kostbare Lebenszeit damit verschwenden, Ihre wahren Gefühle in die Knie zu zwingen?*
- *Was ist Ihr Ziel? Wollen Sie ein authentisches, ein zufriedenes Leben führen?*
- *Möchten Sie nach Ihren ganz persönlichen Empfindungen und Werten leben?*
- *Oder wollen Sie ein Leben führen, das ständig die Bedürfnisse anderer befriedigt?*
- *Sind Sie bereit, sich mit Ihrer Empfindlichkeit und Empfindsamkeit anzunehmen und auch zu zeigen?*

In der Lebensmitte setzt sich der Wunsch, zu sich selbst zu kommen, stärker durch und formuliert sich in dem deutlichen Satz: Ich will zu mir! Doch der Weg zu sich selbst führt oft durch sehnsüchtige und dünnhäutige Phasen.

Aber es lohnt sich loszugehen! Jetzt ist die richtige Zeit dafür. Ihr Weg zu sich selbst führt über Berge und Täler. Aber es ist Ihre eigene Gefühlslandschaft, die Sie neu entdecken und die Sie nun sehen!

Verabschieden Sie sich also von der Gewohnheit, sich äußeren Bedingungen und Zwängen bedingungslos anzupassen und zu unterwerfen. Lenken Sie Ihre wertvolle und begrenzte Energie um. Schaffen Sie sich bestmögliche Umstände, die Sie jetzt brauchen, indem Sie von nun an in Ihrem Alltag Ihre Empfindsamkeit und Ihre Empfindlichkeit berücksichtigen.

Gehen Sie dafür zunächst Ihrer Empfindlichkeit auf den Grund. Notieren Sie, auf was Sie zurzeit stärker reagieren:

- *Sind es visuelle Reize? Das heißt, belasten Sie zu viele oder zu hektische Bilder?*
- *Stören Sie der Straßenlärm, Menschenstimmen, das Radio oder der Fernseher?*
- *Sind Ihnen größere Feiern zu anstrengend oder zu laut?*
- *Wie reagieren Sie auf Gerüche? Damit meine ich sowohl angenehme als auch unangenehme.*
- *Reagieren Sie verstärkt mit Nebenwirkungen auf bestimmte Medikamente?*
- *Vertragen Sie bestimmte Lebensmittel oder Gerichte nicht mehr so gut wie früher?*
- *Bekommt es Ihnen besser, mittags oder abends warm zu essen?*
- *Versetzt Sie Hunger in Aufregung und Stress?*
- *Nehmen Sie atmosphärisch leichter Spannungen auf?*

Ergründen Sie sich selbst und finden Sie heraus, was Sie von jetzt auf gleich in Unruhe, Unwohlsein, Überforderung oder Rage versetzt.

Warum? Damit Sie zukünftig entsprechend handeln können. Sobald Sie Ihre ganz persönlichen Reizquellen kennen, können Sie diese eher ausschalten oder zumindest so planen, dass Sie Ihnen nicht zu lange ausgesetzt sind.

Und nun wenden Sie sich Ihrer Empfindsamkeit zu: Welche Vorteile können Sie darin erkennen? Was gefällt Ihnen besonders daran?

- *Sind Sie ein Mensch, der gut zuhören kann?*
- *Können Sie sich in andere hineinfühlen?*
- *Sind Sie für manche eine gute Beraterin?*
- *Erleben Sie sich generell als mitfühlenden Menschen?*
- *Erkennen Sie gutmütige Züge an sich, die anderen wohltun?*
- *Können Sie andere ermuntern und trösten?*
- *Sind Sie grundsätzlich hilfsbereit?*
- *Unterstützen Sie gerne andere Menschen?*
- *Haben Sie manchmal Vorahnungen, die dann auch eintreffen?*

Entdecken Sie die Schätze, die in Ihrer Empfindsamkeit liegen. Und sollte sich ein warmes Gefühl einstellen, dann lehnen Sie sich zurück und genießen es. Sagen Sie sich: »Ja, ich bin genau richtig, so wie ich bin!«

Von nun an sollten Sie sich dafür einsetzen, mit Ihrer Empfindlichkeit und Empfindsamkeit ernst genommen zu werden. Das setzt allerdings eins voraus: Sie müssen sich selbst ernst nehmen! Fangen Sie an, sich mit beidem auszusöhnen. Denn Empfindlichkeit und Empfindsamkeit gehören unzertrennlich zusammen. Und genau deshalb werden Sie auch Folgendes spüren:

Ein besonders empfindsamer Mensch zu sein, ob aufgrund der Persönlichkeit oder in bestimmten Lebensphasen, ist keineswegs immer einfach. Denn diese Eigenschaft stellt sich im Alltag natürlich auch oft als Hindernis und Belastung dar. Schließlich wird von uns allen erwartet, gesellig und teamfähig, aufgeschlossen und geduldig, belastbar und flexibel zu sein. In allen Lebensbereichen zählen Erfolg, Fitness und Aktivität. Alles muss stimmen. Alles soll perfekt sein. So baut sich nach und nach immer mehr Druck auf, der viele Menschen in die totale Erschöpfung und manchmal sogar in Ängste, Zwänge und Panikstörungen treibt.

Mag sein, dass Ihnen Ihre Empfindlichkeit und Empfindsamkeit selbst oft zu viel wird. Natürlich ist es auch belastend, wenn Sie sich nackt und schutzlos fühlen und den Eindruck haben, Ihren eigenen Gefühlen regelrecht ausgeliefert zu sein. Wenn Sie aber still darunter leiden und sich niemandem mitteilen, dann wird alles nur noch schlimmer.

Deshalb suchen Sie das Gespräch und bitten Sie vertraute und vertrauenswürdige Menschen, für Sie da sein.

Bitten Sie um Nachsicht, um Rücksicht und vor allem um Unterstützung. Teilen Sie sich mit. Sagen Sie, was Sie zurzeit nicht mehr so gut ertragen können. Auf diese Weise können Sie Ihr Zusammensein und Zusammenleben anders organisieren, ohne dass andere sich vor den Kopf gestoßen fühlen.

Sprechen Sie sich genauer ab. Sie können zum Beispiel im Vorfeld vereinbaren, dass Sie nicht so lange auf der Familienfeier bleiben.

Sie können regeln, dass Sie eine Stunde zusammen mit der Familie in die Stadt gehen und danach alleine früher nach Hause fahren.

Klären Sie in der Firma, ob Sie nicht früher anfangen können, damit Sie mehr Ruhe für sich haben.

Vielleicht können Sie Ihr Büro mit jemandem tauschen oder mit einer anderen Person teilen.

Bitten Sie Ihnen nahestehende Menschen darum, Ihnen zuzuhören, Sie manchmal einfach unkommentiert toben zu lassen oder beruhigend auf Sie einzureden.

Machen Sie deutlich, dass Sie sich verletzt fühlen, wenn

Sie negative Kommentare über Ihre Empfindlichkeit hören. Denn in der Mitte des Lebens kommen die Gefühle näher an Sie heran. Und je älter wir werden, umso empfänglicher werden wir für jegliche Arten von Spott, Belustigung und Abwertung. Sich in der Lebensmitte zu verändern ist ein Prozess und ein Weg, den Sie nicht alleine gehen müssen. Dafür sind Menschen, die Ihnen nahestehen, schließlich da.

Und nun verinnerlichen Sie für eine Woche einmal folgenden Satz:

»Ich bin ein sehr sensibler Mensch.«

- *Schreiben Sie diesen Satz auf einen Zettel und sehen Sie ihn sich mehrmals am Tag an. Beobachten Sie sich damit.*
- *Wie fühlt es sich an, mit dem Bewusstsein zu leben, ein sehr sensibler Mensch zu sein?*
- *Haben Sie das Gefühl, da ruft ein lautes Ja in Ihnen?*
- *Haben Sie den Eindruck, endlich zuhause angekommen zu sein?*
- *Spüren Sie, dass der Gedanke Sie erleichtert, oder nehmen Sie eine gewisse Helligkeit in sich wahr?*
- *Was genau löst der Gedanke in Ihnen aus, ein sehr sensibler Mensch zu sein?*

Schreiben Sie auf, was Ihnen einfällt und wie Sie sich damit fühlen. Das bringt Ihnen Klarheit.

Organisieren Sie sich ab jetzt komplett neu mit Ihrer aktuellen Befindlichkeit. Es gibt unzählige Varianten, Gemeinschaft und Geselligkeit neu zu planen und zu gestalten – sowohl beruflich als auch privat. Allerdings ist es

Ihre Aufgabe und liegt in Ihrer Verantwortung, dafür zu sorgen. Niemand kann in Ihre Gedanken- und Gefühlswelt blicken. Niemand kann ahnen, wie müde und überfordert Sie sind, wenn Sie wie üblich perfekt Ihre Rolle spielen. Niemand kann wissen, dass Sie das Radio stört, wenn Sie schweigen. Niemand weiß, wann Sie hungrig oder müde sind oder eine Auszeit brauchen. Erwarten Sie nicht von anderen, zu sehen, was Sie selbst erkennen müssen. Und verlangen Sie nicht von anderen, zu erfüllen, was Sie sich selbst geben müssen.

Kümmern Sie sich um sich selbst! Und zwar richtig!

Bedenken Sie: Wir sind eine bunte Gesellschaft. Die vielfältigen Charaktere und wir alle mit unseren verschiedenen Gefühlen machen die Lebendigkeit aus. Das heißt aber nicht, dass alle Gefühle positiv sein müssen.

Sie wollen leben? Sie wollen fühlen? Dann leben Sie und fühlen Sie – aber bitte echt und authentisch. Und das heißt: empfindsam *und* empfindlich!

Zum Festhalten:

Nehmen Sie es an, dass Sie zurzeit empfindlicher und empfindsamer sind – Sie zuerst. Sprechen Sie sich auch genauer mit anderen ab. Passen Sie Ihre Umgebung weitgehend Ihrer Befindlichkeit an und organisieren Sie Ihr Leben so, dass es zu Ihnen passt. Teilen Sie mit, was Sie stört und Ihnen zu viel ist.

5. Sexualität – im Moment, nein Danke: Das Gefühl einer veränderten Körperlichkeit

Kaum ein anderer Bereich wirkt so mächtig auf unser Leben ein wie die Sexualität. Wir leben und erfahren mit einem anderen Menschen innige körperliche Nähe. Und wenn wir uns auf den Liebesrausch wirklich einlassen können, so geben wir einen Teil unserer Selbstkontrolle ab.

Wenn wir uns körperlich lieben, dann sind wir zutiefst verwundbar, weil wir uns dem anderen zeigen, und zwar nackt, einzigartig und unnachahmbar, wie wir sind. Sexualität ist sehr persönlich und individuell. Jeder Mensch lebt und erlebt sie anders. Sie kann verlockend und betörend sein, aber sie ist auch eigenwillig, störanfällig und manchmal geradezu widerspenstig. Sexualität lässt sich in kein Korsett zwängen, sondern folgt ihren eigenen Regeln und Gesetzmäßigkeiten. Und vor allem: Sie entwickelt sich weiter.

In der Lebensmitte können sich diese Gesetzmäßigkeiten verschieben. Denn Sexualität drängt nach außen, während viele Frauen gerade jetzt wesentlich stärker nach innen leben. Wenn Sie auch zurzeit in dieser Phase sind, dann brauchen Sie möglicherweise Ihren körperlichen Raum für sich alleine. Das heißt, ein anderer hat da im Moment keinen Platz. Vielleicht spüren Sie: Ich will im Moment niemanden an meinen Körper heranlassen. Vielleicht merken Sie aber auch: Ich will es nicht mehr auf die Art und Weise wie bisher.

Renate, 46 Jahre: *Um es mal ganz deutlich zu sagen: Ich habe einfach keine Lust mehr auf heiße Nächte. Dabei hatte ich mit meinem Mann immer ein recht aktives Liebesleben. Das kam irgendwie ganz schleichend. Ich habe schon länger gemerkt, dass meine Lust nachließ. Aber dann wollte ich meinen Mann nicht vor den Kopf stoßen. Männer fühlen sich ja schnell gekränkt. Und wenn ich nicht will, dann ist die Stimmung erst mal im Keller.*

»Quickie geht nicht mehr«, bringt es die Schweizer Autorin Milena Moser in der Zeitschrift *Brigitte women* (Ausgabe 12/2010) auf den Punkt. Denn viele Frauen wollen diese Art der schnellen und zugespitzten Sexualität nicht mehr. Und »lieber schnell zwischendurch als gar nicht« sei schließlich ein Privileg der Jugend.

Annette, 53 Jahre: *Es gibt Praktiken, die zwar mein Mann mag, die ich aber inzwischen immer abstoßender finde. Als ich versuchte, ihm das klar zu machen, kam sofort: »Aber früher fandest du das doch auch mal toll.« Ich glaube heute, dass ich viel zu oft Sachen gemacht habe, die ich eigentlich gar nicht wollte. Jetzt weiß ich, ich bin dabei ganz schön auf der Strecke geblieben. Das macht mich manchmal richtig traurig.*

Die eigene Sexualität zu finden bleibt eine lebenslange Suche, die so manche Enttäuschung aber auch Überraschung mit sich bringt. Wir alle haben unterschiedliche Vorlieben und Bedürfnisse, die sich in unseren verschiedenen Lebensphasen ganz neu herausbilden oder verändern. Das heißt: Die eine feststehende sexuelle Identität gibt es so gesehen nicht. Vielmehr müssen wir unsere Sexualität immer wieder neu entdecken und erforschen. Denn wie sich unsere Lebensumstände ändern und wir uns verändern, so verändert sich auch unsere Sexualität.

Martina, 48 Jahre: *Ich bin permanent müde und erschöpft und dann ist mir Sex einfach zu viel. Es ist ja schließlich nicht nur entspannend, sondern auch anstrengend. Und dadurch, dass ich inzwischen viel mehr Zeit brauche, um warm zu werden, dauert mir das alles auch viel zu lange. Im Moment ist mir viel mehr nach Kuscheln zumute. Dabei heißt es doch, dass man mit dem Älterwerden angeblich ein erfüllenderes und entspannteres Sexualleben hat. Bei mir ist das genau umgekehrt. Oft denke ich: Nun musst du ja mal wieder. Dabei will ich im Moment gar nicht.*

Der enorme Druck entsteht, weil uns das Thema Sexualität auf Schritt und Tritt begleitet. Kaum eine Werbung ohne sexuelle Inhalte. Überall hängen Plakate, auf denen entblößte Frauen wie auch Männer sich in aufreizenden Posen zeigen. Sex bleibt das Dauerthema der meisten Zeitschriften, und in den Spam-Mails finden wir Hinweise auf Medikamente zur Potenz- und Luststeigerung. Es gibt kaum noch Orte, sich der sexuellen Aufdringlichkeit zu entziehen. Daraus entsteht eine große Verunsicherung, die dazu führt, dass Sex zwar allgegenwärtig ist, aber die Lust darauf immer mehr vergeht. Wir bekommen sexuelle Praktiken vorgeschrieben und wissen kaum noch, was wir selbst wollen – falls wir das überhaupt jemals wussten.

Birgit, 50 Jahre: *Es kränkt mich und es stößt mich auch richtig ab, dass mein Mann sich im Internet regelmäßig Pornos ansieht. Ich werde immer älter und er holt sich seine Kicks über diese Fotos oder Filme. Für mich ist das richtig demütigend. Wie soll ich noch mit meinem Mann schlafen, wenn ich ihn insgeheim verachte, weil mich anwidert, was er sich da ansieht?*

Vielleicht fühlen auch Sie sich manchmal durch die sexualisierte Medienlandschaft regelrecht terrorisiert.

Denn der unmittelbare und frei verfügbare Zugang zu pornografischen Inhalten im Internet wirkt sich inzwischen in hohem Maße auch auf Beziehungen aus. Das Internet hat damit eine neue Dimension von Beziehungskrisen hervorgebracht. Viele Frauen leiden still, wenn ihr Partner sich heimlich im Internet an pornografischen Bildern oder Filmen stimuliert, während sie selbst mit sich und ihrer veränderten Körperlichkeit kämpfen. Der Psychologe und Psychotherapeut Michael Cöllen bezeichnet Internet-Sex in seinem Buch *Das Verzeihen in der Liebe* als Irrweg, der nicht nur den intimen Austausch eines Paares blockiert, sondern auch die menschliche Würde zerstört.

Da sich unser Körperempfinden mit dem Älterwerden stark verändert, wirkt sich das zwangsläufig auch auf unser Sexualleben aus. Die Haut wird trockener und empfindlicher und die Entstehung und Intensität der Erregung folgen einem anderen Tempo, als der Kopf es will. Das ist neu. Es fühlt sich fremd an und verunsichert viele Frauen. Vielleicht kommen Ihnen auch solche Gedanken:

Was ist das?

Was ist mit mir los?

Wieso funktioniert mein Körper nicht mehr wie bisher?

Wo ist meine Erregbarkeit, meine Wolllust, meine Leidenschaft geblieben?

Vieles wandelt sich in der Lebensmitte. Da Sie sich entwickeln, verändert sich auch Ihre Sexualität. Wenn Sie zurzeit nur wenig oder keine Lust verspüren, dann brauchen Sie ganz offensichtlich sexuelle Atempausen. Diese äußern sich durch Gedanken wie:

Ich will für mich sein.

Ich will ganz bei mir sein.
Ich will ganz in mir sein.
Ich will jetzt niemanden an mich lassen.
Ich will jetzt niemanden in mich lassen.

Lassen Sie sich also von nichts und niemandem unter Druck setzen: Sie dürfen keinen Sex wollen! Sexuelle Unlust ist schließlich keine Krankheit, die man behandeln muss. Vertrauen Sie vielmehr der Weisheit Ihres Körpers. Er sendet Ihnen deutliche Signale und er zeigt Ihnen, was gut für Sie ist und was Sie brauchen. Ihr Körper schützt Sie. Denken Sie an Alltagssituationen: Kennen Sie auch das unangenehme Körpergefühl, wenn Ihnen jemand zu nahe kommt, während Sie an der Kasse stehen? Oder das körperliche Unwohlsein, wenn eine weniger vertraute Person Sie berührt oder umarmen will? Wie im Reflex wehren Sie sich. Wie? Durch körperliche Starre, Anspannung und Widerspenstigkeit. Sie spüren ganz klar und deutlich: Das passt jetzt nicht. Das ist unangemessen. Das ist zu nah oder zu früh. Ihr Körper sagt Ihnen: Ich will das nicht. Und damit gibt er Ihnen einen deutlichen Hinweis, bevor Ihnen das Gefühl selbst überhaupt bewusst ist. Ihr Körper ist demnach weise und weitaus schneller als Ihr Gefühl. Er warnt Sie, schützt Sie und ist damit ein zuverlässiger Gefährte, auf den Sie unbedingt hören und achten sollten.

Wenn Sie also im Moment weniger oder keine Lust verspüren, dann hat das seinen Grund und seinen Sinn. Statt dieses eindeutige Zeichen zu ignorieren, sollten Sie ihm lieber nachgehen, um zu erfahren, was von Ihnen entdeckt werden soll.

Vielleicht hören Sie erst einmal auf die leisen aber deutlichen Stimmen. Sie könnten so klingen:

Ich will nicht mehr so oft mit meinem Partner schlafen.
Ich will es so nicht mehr.
Ich will es mit diesem Mann nicht mehr.
Ich will es überhaupt nicht mehr.

All das muss nicht so bleiben. Aber im Moment ist es so und darauf sollten Sie hören. Sie wissen nicht, ob Ihre Lust und Leidenschaft jemals wieder kommt. Woher auch? Schließlich können Sie nicht in die Zukunft blicken. Sie können es vermuten, hoffen und sich wünschen, aber Sie wissen es nicht. Sie können allerdings ziemlich sicher sein: Wenn Sie sich selbst Druck machen, kehrt sie bestimmt nicht zurück. Erregung und Leidenschaft lassen sich nicht mit Druck erzeugen. Und Lust und Leidenschaft lassen sich vielleicht locken, aber niemals erzwingen.

Erlauben Sie sich, sexuell nicht aktiv zu sein, wenn Ihr Körper Ihnen signalisiert: Nein, ich will jetzt nicht. Vielleicht wollen Sie sich durch sexuellen Rückzug erst einmal an Ihre körperliche Verwandlung gewöhnen. Vielleicht sind die Signale Ihres Körpers aber auch Hinweise, sich Ihrer Partnerschaft einmal wieder aufrichtig zuzuwenden und sie kritisch zu hinterfragen. Möglicherweise äußern sich darin aber auch alte Wunden, wie beschämende, verletzende oder übergriffige Erfahrungen, die nun in der Mitte des Lebens neu aufbrechen oder für die erst jetzt die Zeit beginnt, sie endgültig zu heilen. Vielleicht finden Sie erst jetzt, in der Mitte Ihres Lebens, zu einer Sexualität, wie Sie sie sich wünschen. Was immer dahintersteckt: Wenn Sie sich sexuell zurückziehen wollen, dann gibt es nur eins: Tun Sie es! Lassen Sie es zu! Und machen Sie sich weder Druck noch Vorwürfe! Die haben hier absolut nichts verloren.

In der Lebensmitte sind Sie nicht mehr unbedarft. Sie sind sexuell erfahren. Sie haben gute, aber auch schlechte Erfahrungen gemacht, und diese haben sich tief in Ihr Körpergedächtnis eingegraben. Denn Ihr Körper vergisst nichts. Vielleicht möchten Sie deshalb erst einmal für sich im Stillen herausfinden, was Sie zukünftig wollen und was nicht, und zwar auf der Basis Ihrer bisherigen Erlebnisse. Eine Zeit sexueller Pause kann dabei sehr hilfreich sein.

Gehen Sie also auf Spurensuche und denken Sie zurück: Was für eine Sexualität hatte ich im Alter von 20 Jahren?

Wie stand es damals um meine Lust und um meine Erfahrenheit? Wer waren zu jener Zeit meine Liebespartner? Wie fühlte ich mich in meinem Körper? Sicher oder unsicher? Vertraut oder fremd? Was löst es heute in mir aus, daran zu denken?

Wie war es in der Altersspanne um die 30 Jahre?

Wie fühlte ich mich zu jener Zeit in meinem Körper? Wie ausgeprägt war damals mein Sexualleben? Wie habe ich in dieser Zeit sexuelle Lust empfunden? War sie intensiv? War sie oberflächlich? War sie leicht oder anstrengend?

Je nachdem, wie alt Sie sind, gehen Sie nun weiter:

Wie war es um die 40, um die 50 Jahre?

Wie ist es heute? Was genau hat sich verändert? Die Intensität des Erlebens? Das eigene Körpergefühl? Das Tempo? Der Wunsch nach anderen sexuellen Intervallen? Welche Bedeutung hat Sexualität für mich in meinem Leben?

Spüren Sie dem nach und schreiben Sie es auf! Erforschen Sie ganz allein für sich die Geschichte Ihres Liebeslebens.

Vermutlich werden Sie erkennen, dass Ihr sexuelles Empfinden, Ihre Lust und Ihr Bedürfnis nach sexuellen Aktivitäten, im Laufe Ihres Lebens erheblichen Schwankungen unterlagen. Denn sexuelle Lust und Lustlosigkeit stehen nicht isoliert für sich. Sie müssen sie immer im Zusammenhang Ihrer jeweiligen Lebenssituation sehen. Wenn Sie im Moment kein sexuelles Verlangen haben, so schauen Sie sich einmal an, was Sie im Moment sonst noch bewegt:

- Stehen Sie zurzeit vielleicht unter großem beruflichem Stress?
- Wurden Sie hintergangen oder betrogen?
- Sind Sie oder Ihr Partner von einer schweren Erkrankung gezeichnet?
- Fühlen Sie sich durch zurückliegende Enttäuschungen noch immer tief verletzt?
- Haben Sie sexuelle Erfahrungen gemacht, die Sie abstoßend fanden?
- Befinden Sie sich zurzeit in einer privaten Belastungssituation oder Lebenskrise?

Ihre Sexualität, Ihr Lustempfinden und damit Ihre Bereitschaft, einen anderen Menschen intim an Sie heranzulassen, ist immer in diese individuellen Lebenszusammenhänge gebettet. Und all das können Gründe sein, die den Wunsch nach einer Zeit ohne Sexualität auslösen oder verstärken.

Neben diesen ganz persönlichen Erfahrungen aus Ihrer Lebensgeschichte wirkt sich jedoch auch die Beziehungsform, in der Sie leben, auf Ihr sexuelles Interesse aus:

- Leben Sie alleine oder in einer Partnerschaft?
- Befinden Sie sich zurzeit in einer jungen Beziehung oder in einer langjährigen?
- Sind Sie freiwillig oder unfreiwillig alleinstehend?

Wenn Sie in einer langjährigen Partnerschaft leben, so zeigt sich hier besonders die Entwicklung – das wellenförmige Auf und Ab – der Sexualität, weil Sie schließlich seit vielen Jahren zusammen sind. Die anfängliche Leidenschaft der Verliebtheit kann niemals gehalten werden, sondern sie weicht ganz unwillkürlich einer Vertrautheit, Gewohnheit und auch Routine.

Hier gilt es, eine Balance zu finden und gemeinsame Absprachen zu treffen. Vielleicht haben Sie beide beschlossen, Sexualität nicht mehr so wichtig zu nehmen, weil etwas anderes an die Stelle gerückt ist oder Ihnen nicht mehr so sehr an einem aktiven Liebesleben liegt. Sie merken womöglich, dass da viele andere Zuwendungen und Gemeinsamkeiten sind, die wohltun. Sex muss jetzt nicht mehr so im Vordergrund stehen und das Größte sein.

Vielleicht ist aber auch eine starke Unausgewogenheit da. Sie spüren den Druck Ihres Partners, dem Sie nicht oder von nun an nicht mehr nachgeben wollen. Sie wollen sexuell nicht mehr allzeit bereit zur Verfügung stehen und sind es leid, Orgasmen vorzutäuschen, nur um Ihre Ruhe zu haben.

Es kann aber auch tiefere Gründe für Lustlosigkeit geben. Dazu zählen nicht verwundene Vertrauensbrüche, eine bereits länger bestehende sexuelle Unzufriedenheit oder Entfremdung voneinander. Dies kann sich wie eine gläserne Wand zwischen Ihre Lust und Ihr Liebesspiel schieben. Doch wichtig ist: Es kann so sein, muss aber nicht so sein. Wir sollten eine zeitweilige sexuelle Enthaltsamkeit nicht gleich als krankhafte Erscheinung betrachten, der zwingend schwerwiegende Probleme zugrunde liegen müssen. Manchmal reicht ein stärkeres Rückzugsbedürfnis als Grund oder eben einfach nicht zu wollen. Sex zu wollen und Sex zu haben ist eine grundlegende sexuelle Freiheit. Und daher ist es auch Ihre sexuelle Freiheit keinen Sex zu haben und zu wollen!

Viele Frauen nehmen sich diese sexuelle Freiheit leider nicht, sondern lassen sich um des lieben Friedens willen oder aus Furcht vor Konsequenzen auf ihren Partner ein. Wenn auch Sie dazu gehören, dann stellen Sie sich einmal folgende Frage:

> *Was genau befürchten Sie, wenn Sie für sich in Anspruch nehmen, sich für eine Weile körperlich zu entziehen?*
> - *Fürchten Sie, dass Ihr Partner fremdgeht?*
> - *Sind Sie besorgt, dass Ihre sexuelle Lust nie wieder zurückkommt?*
> - *Was könnte es sonst für Gründe geben, dass Sie gegen sich selbst handeln? (Zum Beispiel Angst vor dem Ausbruch eines Konfliktes, eine Ehekrise …?)*

Wenn Sie in einer Partnerschaft leben, so werden Sie kaum darum herumkommen, über Ihren sexuellen Rückzug zu sprechen, falls er irritierend für Ihren Partner ist. Es ist allerdings nicht leicht, darüber miteinander zu reden. Schon gar nicht, wenn Sie viele Jahre kaum über Sexualität gesprochen haben, es nie gelernt haben, und vor allem, wenn Sie selbst gar nicht genau wissen, was Sie wollen und was nicht.

Viele Frauen sind deshalb mit dem Hinweis, sie sollten ganz offen mit ihrem Partner sprechen, schlichtweg überfordert. Das ist verständlich, denn schließlich ist kaum ein

Thema so hoch sensibel besetzt wie die Sexualität. Das Gefühl und die Angst, nicht zu genügen, versagt zu haben, nicht begehrenswert oder in Liebesdingen nicht geschickt genug zu sein, verführt in Gesprächen leicht dazu, mit verletzenden Worten zu reagieren. Was Sexualität betrifft, so haben die meisten Menschen Sprachprobleme. Wir können zwar alle über Sexualität reden, aber wir sind recht ungeübt darin, miteinander über sie zu sprechen. Weil es so schwer ist, die richtigen Worte zu finden, hüllen sich viele Paare lieber in Schweigen und jeder leidet still vor sich hin. Doch ob Sie nun wollen oder nicht: Letztlich führt kein Weg an einem Gespräch vorbei.

Wenn Sie sich also heranwagen möchten, so starten Sie einen vorsichtigen Versuch:
Reden Sie mit Ihrem Partner, aber sprechen Sie keinesfalls sofort darüber, was Sie nicht mehr mögen, sondern bleiben Sie vorerst allgemeiner. Es ist und bleibt ein heikles Thema, weil wir Menschen in unserer Intimität sehr verwundbar sind. Das gilt sowohl für Sie als auch für Ihren Partner.
Ein Anfang könnte sein:
»Ich weiß nicht, was im Moment mit mir los ist. Ich habe zurzeit so wenig Lust. Das ist dir doch sicher auch schon aufgefallen. Ich merke, ich möchte mich etwas in mich zurückziehen. Kannst du mich eine Weile lassen?«

Auf diese Weise sprechen Sie von sich und klagen nicht an. Sie teilen Ihrem Partner vielmehr Ihre eigene Verunsicherung mit, die Sie selbst gerade an sich feststellen. Und Sie fragen ihn, ob er Ihnen diese Enthaltsamkeit eine Zeit lang lassen kann. Natürlich müssen Sie dafür nicht um Erlaubnis bitten, aber Ihr Gegenüber wird auf diese Weise miteinbezogen und das verringert ein wenig die Gefahr, dass er sich von Ihnen abgelehnt fühlt. Das Gute ist: Für Sie ist der größte Druck damit erst einmal raus. Sie sind entlastet, Ihr Partner ist informiert und hat die Möglichkeit, darauf zu reagieren.

Bedenken Sie: Lust lässt sich nicht einfordern. Über Lust lässt sich nicht streiten. Und Vorwürfe haben hier schon gar nichts verloren. Dafür lässt sich über gemeinsame Sexualität reden – und zwar sorgsam und achtsam. Doch die Verantwortung dafür tragen Sie beide!

Wenn Sie Angst haben zu sprechen, schreiben Sie Ihrem Partner einen Brief.

Schreiben Sie hinein, dass Sie unsicher sind. Sagen Sie, dass Sie gerne mit ihm reden würden, aber sich fürchten, weil Sie so verwundbar sind. So kann er erst einmal für sich alleine – im Stillen – reagieren und Sie bleiben etwas geschützter. Wenn Ihnen das alles zu unsicher erscheint, dann denken Sie auch einmal an die Möglichkeit, sich Unterstützung zu holen. Ein Gespräch mit Ihrer Frauenärztin oder in einer Beratungsstelle kann Ihnen helfen, zunächst für sich selbst klarer zu werden. Und darauf könnte vielleicht auch eine Paarberatung folgen, wenn es notwendig sein sollte.

Wenn ein sexuelles Ungleichgewicht da ist, dann werfen viele Frauen ihrem Partner vor: »Du kriegst nie genug. Du setzt mich ständig unter Druck.« Sollte das tatsächlich so sein, dann ist Ihr Vorwurf berechtigt. Denn Druck hat in der Sexualität nichts verloren. Grundsätzlich ist Ihrem Partner jedoch nicht vorzuwerfen, dass er Sie begehrt. Ganz im Gegenteil. Wenn wir lieben, dann wollen wir den anderen spüren und ihm nahe sein. Allerdings ist der

Wunsch nach der Art der Sexualität bei Frauen und Männern nicht immer gleich. Während Frauen oft das sinnlich-zärliche Liebesspiel lieben, bevorzugen viele Männer den geschlechtsfixierten, direkten Sex. Der Psychologe und Psychotherapeut Michael Cöllen meint daher, dass Männer offenbar nicht begreifen, dass sie nicht nur die körperliche Lust der Frau, sondern auch ihre Seele und ihren Geist zu befriedigen haben (siehe *Das Verzeihen in der Liebe).* Hinzu kommt noch, dass Sexualität für jeden Menschen eine andere Wertigkeit und Bedeutung hat. Das macht Sexualität oft so kompliziert und störanfällig und erschwert uns manchmal, zueinander zu finden.

Eine Regel sollte für Sie jedoch trotzdem immer ganz oben stehen: Tun Sie niemals etwas, was Ihnen widerstrebt! Vergessen Sie nie: Sie sind die alleinige Wächterin Ihres Körpers und Ihrer Intimität! Nur Sie allein bestimmen, wer Sie berührt. Nur Sie allein entscheiden, wann jemand Sie berührt. Und nur Sie allein lassen zu, wo Sie jemand berührt.

Letzteres ist übrigens sowohl auf Orte als auch auf Körperregionen bezogen.

Wenn Sie gegen Ihr eindeutiges Gefühl handeln und sich sexuell einlassen, ohne es zu wollen, dann fügen Sie sich selbst Gewalt zu und vor allem: Sie vergiften sich auf Dauer Ihre eigene Sexualität.

Grundsätzlich ist körperliche Liebe und Intimität jedoch zu schön, um sie sich freiwillig auf Dauer zu versagen. Also achten Sie auf sich. Und wenn Sie ganz plötzlich den Hauch von Lust oder Interesse spüren, dann gehen sie dem nach und tasten Sie sich an Ihr Lustempfinden heran – auch wenn es zurzeit vielleicht etwas länger dauert. Nutzen Sie den Moment mit sich oder Ihrem Partner. Entdecken Sie sich gegenseitig neu. Mit einem neuen Tempo, einer neuen Zuwendung – und mit sich selbst, als sexuell gereifter Frau. Denn mit dem Älterwerden verändert und entwickelt sich vieles: Ihre Persönlichkeit, Ihre Einstellung, Ihr Geschmack, Ihre Vorlieben und Ihr Körper. Sie werden gewissermaßen zu einer anderen Frau, mit einer veränderten Sexualität.

Zum Festhalten:
Hören Sie auf die Weisheit Ihres Körpers. Nehmen Sie sich ruhigen Gewissens auch die sexuelle Freiheit, nicht zu wollen! Bewahren Sie sich Ihre körperliche Unversehrtheit und bleiben Sie die alleinige Wächterin Ihrer Intimität!

6. Einladungen und Treffen? Ohne mich: Das Gefühl »Ich möchte nicht«

Hätten Sie es gerne, wenn Gäste zu Ihnen kämen, obwohl sie eigentlich gar keine Lust dazu haben? Wohl kaum. Aber wie oft nehmen Sie Einladungen an, gehen zu Veranstaltungen oder statten Besuche ab, obwohl Sie es im Moment gar nicht mehr so richtig wollen?

Gewohnheiten und Rituale gehören zu unserem Leben. Und das ist gut so. Wir fühlen uns schließlich sicher im Kreis unserer Familie und Freunde. Und wir wissen, wir können Beziehungen nur aufrechterhalten, wenn wir sie auch pflegen. Irgendwann haben wir beschlossen, etwas Bestimmtes gemeinsam zu unternehmen oder zu tun, und das läuft nun ganz automatisch immer so weiter: Jeden Dienstagabend zusammen laufen, einmal im Monat gemeinsam mit Freunden kochen, jeden ersten Sonntag im Monat zu den Schwiegereltern fahren – und um Punkt acht treffen wir uns zu den Nachrichten vor dem Fernseher. Es gibt zahlreiche Beispiele für Automatismen, denen wir unhinterfragt folgen, weil wir irgendwann einmal damit angefangen haben. Wir haben das damals so gewollt, es hat uns gefallen und nun hat sich eben alles eingespielt. Wenn da nur nicht immer öfter diese Unzufriedenheit wäre.

Barbara, 45 Jahre: *Mein Mann und ich gehen schon seit einem Jahr sonntags nach dem Frühstück mit unseren Freunden spazieren. Mir ist das aber inzwischen viel zu langweilig geworden. Ich gehe jetzt neuerdings samstags mit einer Frauengruppe walken. Ich finde das mit denen im Moment viel netter. Das ist einfach mal was anderes, weil ich die alle noch nicht so gut kenne. Mit den alten Freunden das ist mir im Moment irgendwie lästig.*

Treffen auch Sie sich mit Freunden oder Bekannten, mit denen Sie sich immer getroffen haben? Und das, obwohl Sie schon insgeheim dachten, dass Sie eigentlich gar nichts mehr so richtig verbindet? Natürlich ist es wichtig, vertraute Kontakte zu pflegen. Aber manchmal kann man sie auch totpflegen. Gelegentlich sind neue Menschen einfach interessanter, weil sie mal wieder frischen Wind in unser Leben wehen.

Anke, 44 Jahre: *Ich finde es sehr schön, mich im Moment mit meiner früheren Schulfreundin auszutauschen. Wir haben uns ganz zufällig wiedergetroffen. Da ist irgendwie so viel Vertrauen, und ich finde es immer wieder spannend zu hören, was sie so macht und wie sie heute so lebt und denkt. Sie ist für mich auch ganz oft eine hilfreiche Beraterin. Sie kennt ja niemanden aus meinem Umfeld; weder meinen Mann noch sonst jemanden, und dadurch kann ich ihr auch viel mehr erzählen.*

Manchmal werden frühere Bezugspersonen kontaktiert, die durch das Internet nun leichter auffindbar sind: Die Spielkameradin von früher aus der Nachbarschaft, die Schulfreundin aus der Grundschule oder die ehemalige Kollegin aus der Ausbildungs- oder Studienzeit. Plötzlich werden Menschen, mit denen wir jahrzehntelang keinen Kontakt mehr hatten, wieder zu interessanten Gesprächspartnern, während die Freunde aus dem nahen Umfeld immer blasser werden.

Vielen Frauen tut es gut, sich diesen neuen, alten Vertrauten zuzuwenden und die bisherigen Freundinnen eine Zeit lang auf Abstand zu halten. Da ist eine gewisse Vertrautheit, eine gemeinsame Geschichte, die man hat, und zugleich ist es eine völlig neue Person, die man als Erwachsene schließlich noch gar nicht kennt.

Demgegenüber gibt es eingefahrene Treffen oder Verpflichtungen, die nun plötzlich stören:

Gudrun, 54 Jahre: *Ich habe im Moment überhaupt keine Lust mehr, zusammen mit meinem Mann meine Schwiegermutter zu besuchen. Ich finde, er kann da doch auch mal alleine hinfahren. Für mich ist das verschwendete Zeit. Und dann muss ich auch noch die Unterhalterin spielen, weil mein Mann die Zähne nicht auseinander bekommt. Ich kann mir auch das ständige Gejammer über ihre Krankheiten nicht mehr anhören. Für mich ist dann der ganze Sonntag kaputt.*

Wenn etwas zur Gewohnheit geworden ist, so ist es nicht leicht, sich diesem ohne Weiteres wieder zu entziehen. Doch nichts im Leben ist in Stein gemeißelt. Allerdings trauen wir uns oft nicht, eine Unterbrechung einzuläuten und für eine Weile einen Strich oder eine klare Linie zu ziehen.

Stecken auch Sie in Ritualen und Gewohnheiten fest, die Sie immer mehr Kraft und Nerven kosten? Und spüren Sie, wie Sie nach und nach unzufriedener werden, ohne recht zu wissen, warum? Vielleicht trauen auch Sie sich nicht zu sagen: »Ich möchte nicht«, weil Sie fürchten, als Spielverderberin dazustehen, sich moralisch verpflichtet fühlen oder keine Lust auf aufgeregte Diskussionen haben. Dann lieber stillhalten und alles so weitermachen wie bisher. Möchten Sie das wirklich?

Wenn wir unzufrieden werden, dann zeigt uns dieses Gefühl an, dass etwas so, wie es jetzt ist, nicht mehr stimmt. Meistens wird diese Unzufriedenheit übergangen oder abgetan, anstatt sie als weise Beraterin ernst zu nehmen, die sagt: »Schau doch mal wieder genauer hin, was du so machst. Sieh dir mal wieder deinen Alltag – dein Leben – an.«

Um herauszufinden, was Sie nicht mehr möchten, lautet daher die Schlüsselfrage: Wie fühlt es sich an, etwas Bestimmtes nicht mehr zu tun?

Das heißt: Wie fühlt es sich an, sich vorzustellen, nicht oder nicht mehr zu dem Kurs, der Feier oder der Veranstaltung zu gehen?

Wie fühlt es sich an, Weihnachten einmal nicht wie üblich zu verbringen?

Wie fühlt es sich an, sich aus der Laufgruppe auszuklinken oder das Ehrenamt eine Weile ruhen zu lassen?

Wenn sich allein bei dem Gedanken bereits Erleichterung einstellt, dann wissen Sie, dass Sie es – zumindest im Moment – nicht mehr möchten. Hören Sie auf Ihr Gefühl! Es ist Ihr Wegweiser!

Um sich klarer zu werden, sortieren Sie nun für sich, was genau Sie nicht mehr möchten, und schreiben Sie es auf:

- Ich möchte im Moment nicht mehr sonntags mit unseren Freunden wandern gehen.
- Ich möchte nicht auf die riesige Feier der Nachbarn.
- Ich möchte mit meinen Mann nicht alle zwei Wochen meine Schwiegermutter besuchen.
- Ich möchte dieses Jahr Weihnachten nicht schon wieder quer durch Deutschland fahren.
- Ich möchte den Aufbaukurs Yoga nicht belegen.
- Ich möchte nicht mit unseren Freunden in den Skiurlaub.
- Ich möchte meinen Mann nicht zum Firmenjubiläum begleiten.
- Ich möchte mich mit meinen Kollegen und Kolleginnen nicht zum Grillen treffen.
- Ich möchte nicht …

Es ist einfacher, zunächst aufzuschreiben, was Sie nicht mehr möchten, anstatt jetzt schon darüber nachzudenken, was Sie stattdessen wollen. Eins nach dem anderen. Vorerst ist wichtig, dass Sie die eingespielten Selbstverständlichkeiten in Ihrem Leben aufdecken, die Sie stören. Auf diese Weise kommen Sie Ihrer Unzufriedenheit leichter auf die Spur. Erst danach wird es darum gehen, zu dem inneren »Ich möchte nicht« klar zu stehen und sich im Neinsagen zu üben. Sie müssen dafür jedoch erst einmal Platz schaffen, damit sich etwas Neues herausschälen kann.

Eins steht fest: Sich abzugrenzen gehört zu den schwersten Aufgaben im Leben. Und doch kommen Sie nicht darum herum, wenn Sie ein zufriedenes, authentisches Leben führen wollen.

Es macht keinen Sinn und zermürbt Sie auf Dauer, wenn Sie Ihre wertvolle Lebenszeit mit Menschen verbringen, die Ihnen zwar vertraut sind, aber mit denen Sie zurzeit nichts mehr verbindet. Es macht auch keinen Sinn, wenn Sie Ihre wertvolle, freie Zeit mit Besuchen, auf Veranstaltungen oder in Kursen verbringen, die Ihnen inzwischen lästig geworden sind oder Ihnen keine rechte Freude mehr bringen.

Wir müssen manchmal auf Reisen gehen und unsere Heimat verlassen, um dann mit neuen Eindrücken zurückzukehren.

Und wir müssen unsere Beziehungen atmen lassen, indem wir die Fenster aufmachen und kräftig durchlüften, damit wir nicht gemeinsam in dem alten Mief ersticken.

Es geht keineswegs darum, alte Freundschaften aufzukündigen, die Ihnen nach wie vor wichtig sind. Es geht lediglich darum, sich einmal für eine Weile zurückzuziehen, eingefahrene Muster zu durchbrechen, um Neues zu erleben oder sich für andere Menschen zu öffnen.

Vielleicht wünschen Sie sich weiterhin, aktiv zu sein und etwas zu unternehmen – aber eben nicht immer mit denselben oder vielleicht auch einmal ganz alleine. Vielleicht möchten Sie Feiertage einmal anders gestalten und Urlaub mal ganz anders oder woanders verbringen. Das heißt nicht, dass alles Bisherige schlecht war: Es bedeutet lediglich, dass es jetzt einmal anders sein soll. Und es heißt: Ich möchte es so wie bislang nicht mehr.

Ihre Übung lautet nun: Ich grenze mich ab!

Viele Frauen zucken allein bei der Vorstellung bereits zusammen. Möglicherweise kennen Sie solche Gedanken auch von sich:

»Das schaffe ich nicht.«

»Ich konnte mich noch nie gut abgrenzen.«

»Ich bin viel zu gutmütig.«

»Ich kann denen doch nicht einfach absagen.«

»Ich kann die anderen doch nicht so vor den Kopf stoßen.«

»Die sind doch enttäuscht, wenn ich nicht mehr mit zum Sport gehe.«

»Ich kann doch nicht ohne meinen Mann verreisen.«

»Das ist doch unhöflich.«

Vielleicht hilft Ihnen die Vorstellung, von nun an eine Linie zwischen sich und anderen zu ziehen. Denken Sie dabei an die durchgezogene Linie einer Fahrbahn. Sie fahren hier und die anderen dort. Diese Linie besteht vom Tag der Geburt unser ganzes Leben lang zwischen uns und anderen. Wir atmen alleine. Wir fühlen auf einzigartige

Weise. Wir sind und bleiben eigenständige Menschen. Allein diese Tatsache hält diese Grenze oder Linie zwischen uns und den anderen immer aufrecht.

In der Lebensmitte geht es darum, den Farbeimer in die Hand zu nehmen und diese Linie wieder kräftiger nachzuzeichnen. Der Ausgangspunkt ist zukünftig, dass Sie sich auf nichts mehr einlassen, was Sie im Moment nicht oder nicht mehr möchten – aus welchen Gründen auch immer.

Geben Sie Ihrer Linie mehr Farbe, sobald Sie wissen, wo Sie im Moment nicht mehr hingehen möchten, wen Sie im Moment weniger sehen oder von welchen Treffen Sie sich distanzieren möchten. Suchen Sie sich dafür zunächst eine Gruppe oder eine Person aus, zu der Sie das nächste Mal sagen: »Ich möchte nicht.« Aber suchen Sie sich für den Anfang jemanden aus, bei dem es Ihnen nicht so schwer fällt. Erwarten Sie nicht, dass es Ihnen sofort federleicht gelingt. Sie werden sich vielleicht überwinden müssen.

Halten Sie sich bitte Folgendes vor Augen:
Wenn Sie keine deutliche Linie zwischen sich und andere ziehen, so bleiben Sie unsichtbar.

Menschen, die sich zu sehr unterordnen, wirken profillos, ohne Ecken und Kanten. Für viele sind sie zwar hilfsbereit, lieb und nett, aber irgendwie auch blass. Das sind Sie aber nicht! Sie sind eine Frau in der Mitte des Lebens. Das heißt, Sie sind eine eigene Persönlichkeit; mit eigenen Gefühlen, eigenen Gedanken, eigenen Wünschen, eigenen Werten und einer einzigartigen Lebensgeschichte, die Sie von nun an in Ihrem eigenen Sinne fortschreiben.

Möglicherweise tun Sie sich anfangs etwas schwer damit, Eingefahrenes zu beenden oder Einladungen abzulehnen, weil Sie fürchten, andere vor den Kopf zu stoßen. Es ist daher wichtig, dass Sie sich Folgendes bewusst machen: Sie werden immer andere Menschen vor den Kopf stoßen! Genauso wie Sie auch immer von anderen vor den Kopf gestoßen werden. Das ist menschlich, weil wir es niemals allen recht machen können. Ja, andere fühlen sich hin und wieder enttäuscht, denn Sie können unmöglich die Erwartungen aller Menschen um Sie herum erfüllen. Wenn Sie sich fünf Personen vorstellen, die Erwartungen an Sie haben, welcher kommen Sie dann nach? Wenn Sie sich für eine entscheiden, so wird diese Person vielleicht zufrieden sein – die vier anderen jedoch enttäuscht. Es kann also nur darum gehen, was Sie möchten und wenn das eine Zeit lang mit den Vorstellungen und Wünschen anderer übereinstimmt, dann ist das gut so und sehr erfreulich. Aber das kann und wird sich wieder ändern. Und wenn Sie genau das merken, dann darf es nicht sein, dass Sie zugunsten anderer Ihre wertvolle Lebenszeit verschenken und alles so weiterlaufen lassen. Es läuft immer auf dasselbe hinaus: In erster Linie müssen Sie für sich selbst sorgen und jeder andere Mensch muss auch gut für sich sorgen.

Übrigens: Manchmal sind auch die anderen ganz dankbar, wenn eine den ersten Schritt wagt und die eingefahrenen Gewohnheiten durchbricht. Sollte wieder eine andere Zeit kommen, dann gehen alle ganz neu aufeinander zu und freuen sich wieder richtig aufeinander.

In der Fähigkeit sich abzugrenzen liegen übrigens enorme Vorteile. Diese sollten Sie sich bewusst machen, für sich aufschreiben und gegebenenfalls ergänzen:

- Ich werde sichtbar. Ich trete aus der Unsichtbarkeit der Anpassung heraus. Ich zeige mich, indem ich eine Linie ziehe: bis hierhin und nicht weiter.

- Ich erlange Respekt. Ein Mensch, der sich abgrenzen kann, passt auf sich auf. Dafür werde ich respektiert und geachtet.
- Ich werde selbstsicherer. Wenn ich ablehne, was ich nicht möchte, fühle ich mich wohler und freier, weil ich nach meinen eigenen Wünschen handele. Ich finde dadurch Halt und Sicherheit in mir.
- Ich bin aufrichtig. Mir selbst und anderen gegenüber. Ehrlichkeit wird hoch geschätzt. Und es hat einen Wert für mich, aufrichtig zu sein, selbst wenn es bedeutet, jemand anderen zu irritieren oder vor den Kopf zu stoßen.
- Ich handele von innen heraus. Statt mich von außen leiten zu lassen, führe und lenke ich mich selbst und lasse mich nicht mehr von anderen steuern.
- Ich gewinne Lebenszeit. Denn wie viel Zeit geht mir verloren, wenn ich etwas mit anderen, für andere oder wegen ihnen tue, obwohl ich es gar nicht (mehr) möchte.
- Ich bereichere mein Leben. Indem ich das tue, was mir Freude macht und was mir jetzt guttut, lebe ich mein eigenes Leben.
- Ich nehme Rücksicht auf mich. Ich erkenne und achte meine eigenen inneren Grenzen. Ich sorge gut für mich, indem ich das, was ich möchte, berücksichtige und den Wünschen anderer vorziehe.

Sie sehen, es ist ein hoher Gewinn, den Sie davontragen.

Sollte Ihnen noch mehr einfallen, so schreiben Sie es auf und lesen Sie es sich immer wieder durch, um sich zu stärken.

Üben Sie nun das Neinsagen.

Es lässt sich zum Beispiel durch solche Sätze formulieren:

Ich kann (heute, jetzt, dann) nicht.

Ich möchte nicht.

Das geht (im Moment) leider nicht.

Es passt mir gerade nicht.

Ich habe keine Zeit mehr dafür.

Ich habe schon (andere, neue) Pläne.

Ich merke, mir ist das im Moment zu viel, und deshalb möchte ich nicht (mehr).

Legen Sie sich Ihre eigenen Sätze zurecht. Merken Sie sich maximal drei Sätze, die Sie von nun an einsetzen.

Wenn Sie sich darin üben, so kann es sein, dass Sie auf Verständnis stoßen. Es kann aber auch sein, dass das nicht der Fall ist. Das ist immer das Risiko, wenn wir etwas verändern. Mut gehört dazu. Und auch das hat mit Abgrenzung zu tun. Denn eine Linie zu ziehen heißt auch, dem anderen seine Reaktionen zu lassen. Hier bin ich, da ist die Linie und dort bist du.

Bleiben Sie in Ihrer Spur. Denken Sie an den Gewinn, den es Ihnen bringt. Sie tun etwas Gutes für sich! Auch wenn es anfangs mit Unsicherheit verbunden ist. Das legt sich mit etwas Übung und mit der Zeit. Halten Sie auf jeden Fall an Ihrer Antwort fest: Wenn Ihr Gegenüber versucht, Sie zu erweichen, so wiederholen Sie gebetsmühlenartig immer wieder denselben Satz: Ich möchte nicht! Ich möchte nicht! Ich möchte nicht! Irgendwann lachen Sie vielleicht selbst darüber und der andere lässt von Ihnen ab, weil es ihm irgendwann zu dumm wird. Ganz egal, was geschieht: Halten Sie durch! Bleiben Sie auf Ihrer Fahrbahnseite!

Es gibt noch eine andere Variante zu üben: der Nein-Tag.

Tragen Sie sich in Ihren Kalender Ihren Nein-Tag ein. Sagen Sie zu allem und jedem an diesem Tag Nein und experimentieren Sie damit. Egal, wer Sie etwas fragt, lehnen Sie ab. Sagen Sie auf jeden Fall Nein. Es geht darum, dem Nein seine Größe und seinen Schrecken zu nehmen. Wenn Sie zu allem und jedem einen ganzen Tag lang Nein sagen; wenn Sie einen ganzen Tag lang alles ablehnen, dann erhält es irgendwann den Charakter von Routine und Normalität.

Holen Sie sich jemanden mit ins Boot. Machen Sie es eventuell gemeinsam mit einer Freundin oder Kollegin, die auch Abgrenzungsprobleme kennt. Sehen Sie es spielerisch und wie ein Experiment, das Sie einen Tag lang gemeinsam durchführen.

Schreiben Sie Ihre Erlebnisse auf oder tauschen Sie sich aus, wie es Ihnen ergangen ist und was Sie erlebt haben. Werten Sie es auf jeden Fall schriftlich aus:

- Wie haben Sie sich selbst beim Neinsagen erlebt?
- Wie haben Sie sich gefühlt?
- War es eher belastend für Sie? Oder ist es Ihnen erstaunlich leicht gefallen?
- Fiel es Ihnen irgendwann leichter?
- Bei wem war es einfacher – bei wem schwerer?
- Wie fühlen Sie sich jetzt, am Ende Ihres Nein-Tages?

Sie kennen nun Ihre speziellen Gefahrenpersonen: die Kollegen, die Vorgesetzte, die Schwiegermutter, der Vater, die Tochter, die Nachbarn, der Partner, die Freunde.

Verzichten Sie darauf, die Wünsche und Bedürfnisse anderer zu erfüllen, wenn Sie merken: Ich möchte nicht!

Vielleicht haben Sie sich auch schon gefragt: Was macht es

so schwer, Nein zu sagen, etwas abzulehnen oder sich von Treffen oder Gruppen wieder zurückzuziehen?

Zunächst steckt dahinter ein positives Gefühl. Es ist schließlich schmeichelhaft, wenn wir eingeladen und mit einbezogen werden. Dadurch entsteht das Gefühl: Ich bin gefragt. Ich bin beliebt. Ich werde geschätzt. Ich bin ein gern gesehener Gast. Ich gebe anderen Menschen Sicherheit und ein gutes Gefühl. Ich erfreue und bereichere andere Menschen durch meine Anwesenheit. Des Weiteren sind wir Menschen soziale Wesen. Wir helfen gerne anderen und grundsätzlich wollen wir niemanden verletzen oder enttäuschen. Das ist ein sehr freundlicher Wesenszug, der uns allen innewohnt. Wenn Sie jedoch merken, dass Ihre Interessen mit denen der anderen kollidieren, dann haben Sie keine Wahl. Sie müssen lernen, Ihre eigenen Bedürfnisse zu vertreten, selbst wenn andere sich vielleicht dadurch zurückgewiesen fühlen.

Allerdings verbirgt sich noch ein anderes Gefühl dahinter, wenn wir etwas tun, obwohl es uns widerstrebt: Wenn wir uns mit anderen treffen, obwohl wir es eigentlich nicht mehr möchten, dann passen wir uns an und ordnen uns unter. Und das tun wir, weil wir befürchten, sonst ausgegrenzt zu werden. Wir haben Sorge, eines Tages völlig isoliert und einsam dazustehen. Und diese Furcht ist nicht ganz unberechtigt. Beruflich können wir ganz schnell draußen sein, wenn wir uns von gemeinsamen Verabredungen oder Ereignissen fernhalten, die beispielsweise auch außerhalb der Dienstzeit liegen. In Zeiten der Teamarbeit wird schließlich von uns erwartet, dass wir uns voll und ganz einbringen. Gemeinsam etwas zu unternehmen, um das Betriebsklima zu erhalten, gehört nicht selten dazu. Wir gehen zusammen in die Kantine essen, hin und wieder nach Dienstschluss etwas trinken oder verabreden uns im Sommer gemeinsam zum Grillen. Wer sich da ausklingt, riskiert nicht nur den Einbruch auf der Karriereleiter, sondern muss schlimmstenfalls sogar befürchten, nicht mehr voll im Team integriert zu sein.

Was also tun? Beruflich gilt es sicherlich hin und wieder abzuwägen. Aber handeln Sie bewusst! Wenn Sie auch dort spüren, ich möchte mich nicht mit den anderen in der Kantine treffen, dann schränken Sie es zumindest ein. Gehen Sie nicht täglich, sondern nur jeden zweiten oder dritten Tag mit. Entscheiden Sie in dem vollen Bewusstsein, dass Sie es zwar nicht möchten, aber aus gut überlegten Gründen einen Kompromiss mit sich selbst schließen. Wenn Sie das allerdings bereits beruflich tun, dann sollten Sie zumindest Ihr Privatleben schützen und sich hier nicht auch noch mit Menschen abgeben, mit denen Sie im Moment nicht wirklich zusammen sein möchten. Die wichtigste Regel ist: Treffen Sie sich ausschließlich mit Menschen, die Ihnen guttun. Verabreden Sie sich, weil Sie sich wohl und aufgehoben bei ihnen fühlen, und nicht, weil Sie sich verpflichtet fühlen. Und verabreden Sie sich nicht, wenn Sie spüren, dass Ihnen das im Moment zu viel ist. Dafür ist Ihre Lebenszeit zu begrenzt.

Die Aussage: »Ich möchte nicht!« fühlt sich dann befreiend an, weil Sie spüren: Ich bin mir selbst treu geblieben.

Zum Festhalten:

Überlegen Sie genau, mit wem Sie Ihre unwiederbringliche Lebenszeit verbringen und mit wem nicht. Ziehen Sie sich eine Weile zurück, wenn es Ihnen guttut. Nichts ist in Stein gemeißelt. Falls Sie spüren: »Ich möchte nicht«, dann lassen Sie es sein! Das reicht als Grund!

7. Unruhe und Getriebenheit: Das Gefühl der Hamsterfrau im Rad

Innere Unruhe und Getriebenheit sind nicht nur Erscheinungen in der Lebensmitte, sondern Phänomene unserer Zeit. Das Leben ist so schnell und hektisch geworden, dass wir kaum noch Luft bekommen. Wir jagen den Aufgaben und Anforderungen hinterher, in der Hoffnung, mithalten zu können. Wir stehen unter dem permanenten Druck, alles zu wissen und über alles informiert zu sein. Wir laufen unseren eigenen Idealen hinterher und schaffen es kaum, Schritt zu halten. Kein Wunder, dass wir uns selbst in jenen Momenten unruhig und getrieben fühlen, wenn wirklich einmal nichts zu tun ist. Und dann meldet sich auch noch das schlechte Gewissen: Nichtstun? Ausruhen? Das geht doch nicht. Schließlich gibt es doch immer etwas zu erledigen.

Sabine, 49 Jahre: *Ich hatte mich gerade hingesetzt, um in Ruhe Zeitung zu lesen, da fiel mir ein, dass ich doch noch die Spülmaschine ausräumen wollte. Also stand ich auf, um es zu erledigen. Kaum saß ich wieder, da fiel mir ein, dass ich meine Kollegin noch bitten wollte, einen Brief für mich rauszuschicken. Ich dachte, wenn ich jetzt erst einmal Zeitung lese, dann habe ich das bestimmt gleich wieder vergessen. Also bin ich wieder aufgestanden, um das auf einen Zettel zu schreiben. So ging das die ganze Zeit. Zum Zeitung lesen bin ich natürlich nicht mehr gekommen.*

Kennen Sie das auch? Diesen ständigen Drang, etwas zu tun? Eine Unruhe, die Sie innerlich antreibt? Von Ruhe keine Spur. Stattdessen: Rastlosigkeit pur. Kaum sitzen wir, drängt es uns schon danach, wieder aufzustehen. Wir beginnen mit der einen Sache, doch dann fällt uns bereits etwas anderes ein. Und irgendwann verselbstständigt sich dieses Gefühl und wir wissen nicht mehr, wie uns geschieht.

Carola, 45 Jahre: *Mein Büro liegt direkt in der Nähe des Bahnhofs. Wenn der Zug eingefahren ist und die Leute vor mir auf dem Bahnsteig gehen, dann werde ich schon ganz ungeduldig, weil es mir nicht schnell genug vorangeht. Wenn ich dann endlich an ihnen vorbei bin, dann fange ich manchmal fast schon an zu rennen. Ich habe keine Ahnung, was mich so antreibt. Oft frage ich mich: Was mache ich hier eigentlich? Das ist doch Wahnsinn. Aber wenn ich das denke, dann gehe ich wenigstens etwas langsamer.*

Es scheint, als wären wir unseren Impulsen hilflos ausgeliefert. Sobald wir merken, dass wir nicht mehr so leistungsstark sind oder nicht nach unseren Wünschen und Vorstellungen funktionieren, treiben wir uns selbst nur noch mehr an. Hauptsache weiterhin allem gerecht werden. Bloß nicht nachlassen oder schwach werden.

Stefanie, 51 Jahre: *Im Büro bekam ich letztens überhaupt nichts mehr geregelt. Ich war gedanklich sprunghaft und habe mich völlig verzettelt. Ich habe mit etwas angefangen, dann aber zwischendurch immer wieder die E-Mails abgefragt. Anstatt mich auf eine Sache zu konzentrieren, habe ich an verschiedenen Projekten gearbeitet – oder besser: es versucht. Und kürzlich habe ich auf die Anträge gestarrt und überhaupt nichts mehr verstanden. Das hat mich richtig panisch gemacht. Ich bin in der letzten Zeit immer öfter unkonzentriert. Und das setzt mich natürlich noch mehr unter Druck.*

Stopp! Schluss jetzt! Was läuft da eigentlich ab? Wenn Unruhe und Getriebenheit sich verstärken und immer häufiger Besitz von Ihnen ergreifen, dann seien Sie wachsam. Denn Sie sind auf dem besten Weg, wie eine Hamsterfrau im Rad zu rennen, und das kann sehr gefährlich werden. Schützen Sie sich und üben Sie sich darin, den Hamsterkäfig zu verlassen, bevor Sie vor lauter Schwindel den Ausstieg nicht mehr finden. Denn unsere Welt ist infiziert von einem Virus, der uns jagt und hetzt und uns langsam aber sicher niederzustrecken droht.

Es gibt sicher Tage, da erscheint Ihnen auch alles zu viel. Zu viele Reize, Eindrücke, Informationen. Dann Personen, die etwas wollen, Aufgaben, die dringend erledigt werden müssen, und dann das eine oder andere, was auch noch mal eben gemacht werden muss. Kaum ist die eine Sache erledigt, steht schon die nächste vor der Tür. Verabschieden Sie sich daher ein für alle Mal von der Hoffnung, irgendwann das Gefühl zu haben, mit etwas richtig fertig zu sein. Denn da wir kaum noch Rituale haben, Erledigtes oder Geschafftes zu würdigen, nehmen wir beendete Aufgaben kaum noch wahr – geschweige denn, dass wir sie genießen. Abgehakt und weiter, lautet das Motto. Feiern, sich freuen oder gar ausruhen nach einer gemeisterten Aufgabe? Keine Zeit.

Rote Ampeln, der Vordermann fährt bei Grün nicht sofort los, im Supermarkt ist nur eine Kasse geöffnet, die Website baut sich nur langsam auf oder das Intro will scheinbar niemals enden. Von jetzt auf gleich sind wir ungeduldig und genervt. Wir haben die Hektik verinnerlicht. Die Unruhe und Getriebenheit von außen ist längst zu einer inneren geworden.

Vielleicht haben Sie auch schon einige Bücher über Unruhe, Stress und Erschöpfung gelesen. Oder Sie besuchen einen Yoga- oder Meditationskurs, in der Hoffnung, endlich Muße in Ihr Leben zu bekommen. Und vermutlich haben Sie auch schon oft still und heimlich gedacht: Die anderen schaffen das doch auch – nur ich kriege das irgendwie nicht hin.

Löschen Sie ab sofort solche Gedanken.

Niemand, ich betone: Niemand von uns kann heute Phasen und Zeiten innerer Unruhe und Getriebenheit entkommen! Sie sind längst zu einem festen Bestandteil unseres schnellen gesellschaftlichen Lebens geworden. Die Gefahr liegt darin, dass sie uns direkt in die vollkommene Erschöpfung – also in den Burnout führen können. Burnout ist ein gesellschaftliches Problem – und wir sind mittlerweile alle gefährdet.

Erkannt haben wir das schon. Oft genug beschweren wir uns, wie schnelllebig und mühsam alles geworden ist – aber das war es dann auch schon. Danach steigt jeder für sich wieder in sein Hamsterrad und rennt unbeirrt weiter, in der Hoffnung, dass eine Tages ein Wunder geschieht und dieser Wahnsinn endlich aufhört. Nur, von alleine wird das nicht geschehen.

Wie lässt sich diese Unruhe eigentlich erklären, die uns permanent umtreibt?

Wir leben in einer beschleunigten Gesellschaft. Das ist eine Tatsache und lässt sich auch nicht mehr ändern. Der technische Fortschritt schreitet voran und das Lebenstempo wird insgesamt schneller. Wir versuchen, viel mehr Dinge in immer kürzerer Zeit zu schaffen, und wechseln Arbeitsstellen, Wohnorte und Lebenspartner in immer höherem Tempo, meint der Soziologe Hartmut Rosa im Interview auf *Zeit online* (30.12.2009). Wir nähern uns einem Überlastungszustand, der sogar in vielen Zügen dem Aufmerksamkeitsdefizit- und Hyperaktivitätssyndrom

(ADHS) ähnelt, schreibt der Publizist Axel Wolf in *Psychologie Heute* (Ausgabe 01/2007). Damit einher gehen Ungeduld, innere Unruhe, Konzentrationsstörungen, emotionale Labilität, Unentschlossenheit bei Entscheidungen oder die ständige Suche nach neuen Reizen und Stimulation – um nur einige Merkmale zu nennen.

Das Leben um uns herum wird nicht langsamer. Das Tempo wird sich nicht mehr legen. Da dies Symptome unserer Zeit sind, haben wir darauf auch keinen Einfluss. Wenn Sie sich also getrieben oder unruhig fühlen, dann seien Sie in einem Punkt unbesorgt: Sie haben weder versagt, noch sind Sie an Ihren Bemühungen gescheitert. Denn Ihre Getriebenheit ist keineswegs nur Ihr ganz persönliches Problem. Als Mitglied dieser schnelllebigen Gesellschaft sind Sie diesen Einflüssen – ob Sie wollen oder nicht – erst einmal ausgesetzt. Sie können sich dem nicht entziehen, wenn Sie am gesellschaftlichen Leben teilhaben wollen. Sie können allenfalls Ihren eigenen Umgang damit finden.

Denken Sie an die Musikberieselung in Restaurants und Geschäften, den Straßenlärm oder die Belästigung durch die Telefonate fremder Leute, die uns in Bus und Bahn ihre Gesprächsinhalte aufzwingen. Fernseher in Bistros und Kneipen sollen unsere Aufmerksamkeit fesseln, denn Bilder ziehen uns magisch an. Dahinter steckt ein mächtiger Industriezweig. Wir sollen eingefangen werden und wir sind leichte Beute, wenn wir dem nichts entgegensetzen.

Hartmut Rosa sagte im *Deutschlandfunk* (Journal am Vormittag, 6.11.2011), dass wir nicht mehr richtig frei sind. Die Medien haben längst ein Eigenleben entwickelt. Wir glauben zwar, wir hätten die Kontrolle, aber dies sei ein Trugschluss. Die Technik beherrscht uns längst. Und um dieses Eigenleben zu stoppen, gibt es nur eins: die Technik ausschalten.

Sie kennen das sicher auch: Wenn andere Menschen hektisch sind, dann springt dieser Funke leicht auf Sie über. Wenn Sie in einem Team arbeiten, in dem jeder rennt, ist es kaum möglich, das eigene Tempo zu drosseln. Und wenn Ihr Gegenüber sehr schnell spricht, fällt es Ihnen vielleicht auch schwer, langsam zu reden. Wir infizieren uns also gegenseitig.

Neben all diesen äußeren Faktoren gibt es dann auch noch einen persönlichen Bereich, der speziell in der Lebensmitte zu innerer Unruhe führen kann: Die eigenen Eltern werden älter und brauchen Unterstützung, leben aber in einer anderen Stadt. Familiäre Todesfälle verlangen danach, die Beerdigung und den Nachlass zu regeln. Die Kinder stecken in der Pubertät, stehen kurz vor dem Auszug oder haben Probleme mit den Kindern des neuen Partners. Sie selbst oder Ihr Partner erkranken und müssen Arzttermine und zeitaufwändige Behandlungen wahrnehmen. Die Finanzen müssen allerspätestens jetzt geregelt werden, um für das eigene Alter vorzusorgen. Und zu all dem sollen wir dann noch Sport treiben, uns gesund ernähren und natürlich möglichst jung und erholt aussehen. Wie soll das gehen?

Vielleicht vollziehen auch Sie bereits über Jahrzehnte den Spagat zwischen beruflichen, familiären und freundschaftlichen Verpflichtungen, die nun, da Sie selbst nicht mehr so belastbar sind, kaum noch zu bewältigen sind.

Seien Sie ehrlich: Ist es ein Wunder, dass Sie sich innerlich unruhig und getrieben fühlen?

Und doch sind Sie nicht allem hilflos ausgeliefert. Denn es gibt einen Bereich, den können Sie sehr wohl beeinflussen. Und um nicht irgendwann tatsächlich erschöpft zusammenzubrechen, sollten Sie das auch tun.

Sie wissen doch: Ihre Gefühlswelt und Ihr Körper sind klug und weise. Ihre Unruhe und Getriebenheit sagt Ihnen ganz deutlich: Da ist etwas zu viel. Es reicht. Ich brauche Ruhe. Irgendetwas hat mich offenbar so sehr aufgewühlt, dass ich nun keine Ruhe mehr finde. Vielleicht habe ich mir nicht genug Ausgleich geschaffen oder gegönnt. Jetzt wird es Zeit, aus dem Hamsterrad auszusteigen. Steuern Sie von nun an bewusst dagegen und gehen Sie dafür Ihrer Unruhe auf den Grund.

Fangen Sie mit den einfachen Dingen an und beantworten Sie sich folgende Fragen:

- *Wie habe ich letzte Nacht oder die letzten Nächte geschlafen?*
- *Wann habe ich zuletzt etwas gegessen?*
- *Habe ich gestern vielleicht zu viel Wein getrunken?*
- *Wie viel Flüssigkeit habe ich heute zu mir genommen?*
- *Wie viel Kaffee oder Tee habe ich getrunken?*
- *Um welche Uhrzeit habe ich zuletzt Kaffee oder Tee getrunken?*
- *Wann habe ich zuletzt etwas Warmes gegessen?*

Diese Fragen mögen Sie vielleicht irritieren, aber auch das können Faktoren sein, die neuerdings Unruhe und Getriebenheit in Ihnen erwecken. Wenn Sie gleich morgens bereits unruhig sind, so kann es mit einer schlaflosen Nacht zu tun haben. Wenn Sie es nachmittags sind, so ist möglich, dass Sie Tee oder Kaffee nach Mittag von nun an weniger gut vertragen. Überprüfen Sie diese neuen Faktoren für sich. Und unterschätzen Sie sie nicht! Wenn etwas davon zutrifft, dann können Sie es ändern.

Es kann allerdings auch sein, dass Ihre Unruhe eine längere Vorgeschichte hat. Vieles, was uns beschäftigt, wirkt schließlich zeitversetzt in uns nach.

Deshalb fragen Sie sich:

- *Wie habe ich meine letzten beiden Wochen verbracht?*
- *Waren sie besonders gefüllt mit privaten und beruflichen Aktivitäten? (Besuche, Ausflüge, zusätzliche berufliche Aufgaben ...)*
- *Hatte ich mit jemandem Streit?*
- *Hat mich irgendetwas besorgt, aufgeregt oder intensiv beschäftigt?*
- *Wie habe ich meine Wochenenden verbracht?*

Tauschen Sie sich am besten im Gespräch mit jemandem darüber aus. Nehmen Sie Ihre Kalender zur Hand und analysieren Sie miteinander genau, was in den letzten zwei Wochen Tag für Tag bei Ihnen los war. Bedenken Sie, dass auch zu viele Freizeitaktivitäten beunruhigen können. Auch wenn Sie schöne Dinge unternehmen, können diese an Ihren Kräften zehren. Sie sind schließlich keine 20 mehr.

Wenn Sie der Sache noch etwas tiefer auf den Grund gehen wollen, dann schauen Sie noch etwas weiter zurück:

Was ist in den letzten zwei Jahren in Ihrem Leben geschehen? Schreiben Sie es auf:

- *Gab es Belastungen, Veränderungen oder Krisen, die Sie zu bewältigen hatten?*
- *Sind Sie umgezogen?*
- *Hat Ihre Firma fusioniert?*
- *Haben Sie neue Kollegen oder Vorgesetzte bekommen? Wurde Ihr Unternehmen umstrukturiert?*
- *Sind Sie selbstständig und hatten eine Auftragsflaute?*

- *Haben Sie einen neuen Arbeitsplatz oder Aufgabenbereich bekommen?*
- *Ist Ihr Kind ausgezogen?*
- *Ist ein Familienangehöriger erkrankt, ins Heim gekommen oder verstorben?*
- *Haben Sie eine Trennung hinter sich oder eine Beziehungskrise?*
- *Sind Sie mit jemandem zusammengezogen?*
- *Haben Sie jemanden gepflegt oder intensiv betreut?*

Unterschätzen Sie nicht die Belastung und Nachwirkungen von Veränderungen. Sie zeigen sich in ihrem ganzen Ausmaß oft erst dann, wenn wir meinen, diese Phase sei längst überstanden. Wenn endlich Ruhe in unser Leben einkehrt, fühlen wir uns plötzlich unruhig und getrieben. Nicht selten werden wir dann auch krank.

Die Rückschau kann Ihnen helfen, Ihrer unerklärlichen Unruhe auf den Grund zu gehen. Und vielleicht entdecken Sie: Stimmt, da war auch viel Veränderung in meinem Leben. Stimmt, das war auch eine kräftezehrende Zeit. Stimmt, ich hatte zwischendurch eigentlich nie so richtige Ruhepausen, sondern alles ging ganz schnell ineinander über und sofort weiter.

Das Erkennen der Ursachen erklärt zwar die Unruhe und Getriebenheit, aber es beseitigt diesen Zustand nicht.

Nur, was können Sie tun, wenn beides von Ihnen Besitz ergreift? Wie können Sie die Störenfriede besänftigen, um ihnen nicht mehr ganz so hilflos ausgeliefert zu sein?

Beeinflussen Sie, was Sie beeinflussen können. Überprüfen Sie zunächst Ihre Ess-, Schlaf- und Trinkgewohnheiten. Schauen Sie sich an, was Sie noch vertragen und was nicht.

Beginnen Sie dann, die äußeren Reize in Ihrem Leben zu reduzieren. Probieren Sie es eine Woche lang aus. Wählen Sie jedoch nur eine einzige Sache aus, die Sie für jeweils eine Woche ausschalten wollen.

- Gehören Sie auch zu den Menschen, die mit dem Einstieg ins Auto automatisch den Knopf des Radios drücken? Wann sind Sie zuletzt ohne Radio oder Musik Auto gefahren? Probieren Sie es aus: Hören Sie eine Woche lang auf der Hin- und Rückfahrt zur Arbeit oder wo immer Sie hinfahren weder Radio noch Musik.
- Wann sind Sie zuletzt ohne Handy aus dem Haus gegangen? Nehmen Sie es selbst mit, wenn Sie um die Ecke zum Bäcker gehen? Haben Sie es einmal vergessen und sich dann ganz unsicher oder gar nackt gefühlt? Falls ja, dann sollten Sie das als dringendes Signal sehen. Lassen Sie das Handy beim nächsten Einkauf zuhause. Die sanftere Variante: Nehmen Sie es mit, aber schalten Sie es aus. Legen Sie vorher eine Zeit fest, wann Sie es wieder einschalten. Auch beruflich müssen Sie nicht immer erreichbar sein. Wenn Sie schwimmen gehen oder in die Sauna, dann können Sie es schließlich auch nicht mitnehmen.
- Stoppen Sie die Informationsflut: Sie haben die freie Wahl. Nur weil etwas angeboten wird, müssen Sie sich dem noch lange nicht hingeben. Entziehen Sie sich dem Sog überflüssiger Reize. Vor allem technischer Reize. Widerstehen Sie dem Drang, spät abends nach den E-Mails zu sehen oder im Internet zu surfen. Dasselbe gilt für das ständige Abfragen beruflicher E-Mails. Legen Sie eine Zeit fest, wann Sie Ihre E-Mails abfragen. Auf keinen Fall sofort morgens, sondern frühestens um 10:00 Uhr und dann noch mal um 15:00 Uhr. Sie kön-

nen sich dann zunächst auf Ihre wichtigsten Aufgaben konzentrieren, ohne von den Inhalten der E-Mails abgelenkt zu sein. Versuchen Sie es zunächst eine Woche lang. Nur eine einzige Woche, und achten Sie darauf, wie es sich anfühlt. Werden Sie ruhiger?

- Lesen Sie eine Woche lang keine Zeitung und sehen Sie keine Nachrichten. Die Kurznachrichten im Radio reichen, um die wichtigsten Informationen zu erhalten. Wenn Sie wollen, schauen Sie im Zeitungsladen auf die Schlagzeilen der ersten Seite und schon wissen Sie, was in der Welt geschieht. Mittlerweile wird sowieso tagelang über dasselbe berichtet und diskutiert. Das Wesentliche geht also nicht an Ihnen vorbei. Aber vor allem: Das Wesentliche rückt wieder in den Mittelpunkt: Sie selbst!
- Machen Sie sich nicht zur Sklavin der 20 Uhr-Nachrichten oder des weiteren Fernsehprogramms. Das heißt, richten Sie sich in den Zeiten, wann Sie essen, bis wann Sie abgeräumt haben oder wie lange Sie mit Ihrem Partner oder Ihren Kindern sprechen, nicht nach dem Beginn diverser Spielfilme oder Sendungen. Unterbrechen Sie Ihre Automatismen und eingefahrenen Zwänge. Schauen Sie am besten gar nicht erst in die Fernsehzeitung.
- Machen Sie eine Woche lang bewusst eins nach dem anderen. Es ist längst erwiesen, dass es keineswegs produktiver und effektiver ist, zu versuchen verschiedene Dinge gleichzeitig zu machen. Wir müssen vielmehr wieder lernen, einen Fuß vor den anderen zu setzen, eine Stufe nach der anderen zu nehmen und eine Aufgabe nach der anderen zu erledigen. Bedenken Sie: Das Leben ist nicht an einem Tag zu schaffen.

Vielleicht merken Sie anfangs, dass die Reizbeseitigung Sie zunächst unruhiger macht. Das ist nicht ungewöhnlich, denn Sie sind gewissermaßen auf Entzug. Er zeigt Ihnen, dass Sie richtig liegen und die äußeren Reize unbedingt reduzieren müssen. Fangen Sie also an!

Haben Sie verschiedene Medikamente in Ihrem Haushalt? Zum Beispiel Mittel gegen Schmerzen, eine Salbe gegen Verstauchungen und Pflaster gegen Wunden? Vermutlich ja. So wie Sie verschiedene Mittel zur Versorgung Ihres Körpers haben, brauchen Sie genauso ein paar Mittel zur Versorgung Ihrer Seele.

Fertigen Sie daher eine Beruhigungsliste an:
»Was beruhigt mich, wenn ich unruhig und getrieben bin?«

Nicht immer bringen Sie bei Unruhe und Getriebenheit dieselben Maßnahmen zur Ruhe. Deshalb sollten auf Ihrer Liste möglichst viele Alternativen stehen. Denn wenn Sie erst einmal unruhig sind, dann fallen Ihnen in der Regel die Strategien nicht mehr ein. Was Ihnen hilft, können nur Sie selbst herausfinden, und es kann sich immer wieder ändern. Hier sind ein paar Anregungen. Wenn Ihnen etwas davon hilft, dann schreiben Sie es auf Ihre Beruhigungsliste:

- Atmen: Ohne Frage, bewusstes Atmen und Meditation wirken beruhigend. Es kann an manchen Tagen jedoch auch die Unruhe verstärken, insbesondere wenn Sie noch nicht so geübt sind oder die Getriebenheit gewaltig ist. Stellen Sie sich dann nur kurz ans Fenster und atmen Sie bewusst ein paar Minuten lang die Luft tief ein und aus.

- Handarbeit: Malen, Fotos sortieren, Blumen umtopfen, Spülen, Bügeln, Ablage aufräumen: Egal was, tun Sie etwas mit Ihren Händen.
- Musik: Unterschätzen Sie nicht die Macht der Musik. So wie sie aufwühlen und verstören kann, so kann sie uns auch besänftigen und beruhigen: Hörbücher, Entspannungsmusik, Meeresrauschen, Vogelzwitschern, Naturklänge.
- Getränke: Ein beruhigender Tee, ein Glas heiße Milch, und denken Sie vor allem an ausreichend Wasser.
- Essen: Warmes Essen beruhigt. Vielleicht tut Ihnen eine Suppe gut. Essen Sie vor allem regelmäßig! Und essen Sie nur, was Sie gut vertragen, und nicht, was uns allen vorgegeben wird, was wir essen sollen.
- Bewegung: Es muss keinesfalls Sport sein. Sport regt viele Menschen in Unruhe sogar noch mehr auf. Gehen Sie für 10 Minuten um den Häuserblock; gehen Sie zu Ihrem Auto und danach schnellen Schrittes zurück die Treppe hoch. Probieren Sie aus, was Sie beruhigt. Schnelles Gehen? Langsames Gehen? Niemand kann Ihnen vorgeben, was Ihnen guttut. Finden Sie es selbst heraus.
- Riechen: Kleine Duftöle können sofort beruhigen. Ein hochwertiges Rosen- oder Lawendelöl kann Wunder wirken. Deponieren Sie es sich im Büro in der Schublade, so ist es immer griffbereit. Geben Sie ein paar Tropfen auf Ihren Handrücken und riechen Sie immer wieder daran.

Sie sehen, es gibt einige Maßnahmen gegenzusteuern. Aber Sie müssen sie immer wieder neu entdecken. Erwarten Sie nur bitte nicht, dass es Ihnen immer gelingt, die Unruhe zu beseitigen.

Falls die Unruhe trotz allem bleibt, dann gibt es nur eins: Geben Sie nach!

Wenn Geist und Körper sprunghaft sind, dann springen Sie einfach mit. Akzeptieren Sie, was ist. Niemand erwartet von Ihnen, dass Sie begeistert davon sind. Und Sie müssen auch nicht immer verstehen, warum Sie unruhig sind. Kennen Sie Tage, an denen Ihnen alles leicht von der Hand geht? Sie sind erfreut, aber auch verwundert und rätseln, wieso an diesem Tag einfach alles klappt. Das Gegenteil sind Unruhe- und Chaostage. Sie können zunächst versuchen, einige Maßnahmen umzusetzen, aber wenn Sie merken, es macht keinen Sinn, dann seien Sie die Klügere und geben Sie nach. Lassen Sie Ihren Körper und Geist herumtoben und aus der Reihe tanzen. Schauen Sie sich selbst dabei zu, wundern Sie sich oder schmunzeln Sie darüber. Nur geben Sie sich keine Mühe mehr, dagegen anzugehen. Dieser Tag ist auch ein Lebenstag – nur eben einer der unruhigen und getriebenen. Aber auch ein kostbarer Tag Ihres Lebens.

Zum Festhalten:
Wenn Sie unruhig und getrieben sind, probieren Sie aus, was Sie beruhigen kann. Legen Sie sich eine Beruhigungsliste für den Notfall an. Falls nichts funktioniert, dann geben Sie nach. Es darf auch unruhige und chaotische Tage in Ihrem Leben geben.

8. Sorgen und Gedankenkreisen: Das Gefühl, für alles verantwortlich zu sein

Gehören Sie auch zu den Menschen, die immer gedacht haben, mit dem Älterwerden wird alles leichter? Und nun stellen Sie fest, dass offenbar das Gegenteil der Fall ist. Immer wieder tauchen neue Sorgen auf. Und die Gedanken kreisen manchmal stundenlang im Kopf herum, als hätten sie ein Eigenleben entwickelt. Es kommt uns vor, als wären wir unseren Sorgen und Gedanken hilflos ausgeliefert. Dabei erscheinen sie uns selbst manchmal völlig unbegründet. Wir fragen uns dann, warum wir nicht abschalten können. Doch je mehr wir uns bemühen und darüber ärgern, desto schwieriger wird es, überhaupt noch zur Ruhe zu kommen.

Elisabeth, 54 Jahre: *Letzte Woche kam ein Brief vom Finanzamt. Schon als ich den im Briefkasten sah, ging es bei mir los. Es schnürte mir sofort den Hals zu und meine Befürchtung ist natürlich auch eingetroffen. Wir hatten eine dicke Nachzahlung zu leisten. Ich war völlig fertig und habe mich gefragt, wie wir das bloß schaffen sollen. Und dann stellte sich heraus, dass die einen Fehler gemacht haben. Wir müssen zwar immer noch nachzahlen, aber längst nicht mehr so viel. Und ich habe mich die ganze Zeit verrückt gemacht.*

Es gibt Sorgen, die lösen sich tatsächlich im Nachhinein in Luft auf. Daher erscheint es uns so unbegründet, ihnen zuvor so viel Aufmerksamkeit geschenkt zu haben. Es gibt aber auch Sorgen, die uns begründet erscheinen, da sie einen Bezug zu Ereignissen haben, die in der Lebensmitte immer wahrscheinlicher werden.

Bettina, 49 Jahre: *Meine Mutter ist vor Kurzem gestorben. Und jetzt muss ich die ganze Sache mit dem Nachlass regeln. Ich weiß gar nicht, wo ich anfangen soll. Das Haus ist hochverschuldet und ich renne von einem Anwalt zum nächsten, um das alles zu verstehen und alle Fristen einzuhalten. Ich kenne mich mit so etwas gar nicht aus. Ich habe mir jetzt Urlaub genommen, um das zu regeln. Ich finde nur einfach keine Ruhe und habe schreckliche Angst, etwas Wichtiges zu vergessen. Mein Bruder kümmert sich um gar nichts. Und jetzt bin ich für alles verantwortlich.*

Sorgen gehören zum Leben. Es ist ein Trugschluss, wenn wir glauben, das Leben sei überwiegend heiter und unbeschwert. Das Umgekehrte ist der Fall. Denn das Leben ist alles andere als leicht, und das wird uns in der Mitte des Lebens noch einmal sehr bewusst. Unser ganzes Leben lang müssen wir uns anstrengen, uns behaupten und bemühen, uns erproben und ständig etwas Neues lernen. Wir sollen mutig sein, selbstkontrolliert, verständnisvoll, geduldig und unser Leben perfekt organisieren. Neben den positiven Gefühlen, die wir erleben, wie Liebe, Freude und Glück, werden wir immer wieder enttäuscht, verletzt, ungerecht behandelt, zurückgewiesen, ausgegrenzt und betrogen. Doch Leben ist Bewegung und nicht Stillstand. Und wo Lebendigkeit ist, da ist nicht nur Freude, sondern auch Sorge und Leid. Wir können uns noch so sehr bemühen, alles schönzufärben, und nach Glück streben – es wird uns dauerhaft nicht gelingen. Sorgen gehören zum Lebensalltag dazu. Der Zeitpunkt, wann sie kommen, ist nie der richtige und lässt sich durch uns auch leider nicht bestimmen.

»Mach dir doch nicht immer über alles so viele Gedanken.«

»Sieh doch nicht alles immer so negativ.«

»Was machst du dir nur wieder für unnötige Sorgen.«

Kennen Sie solche Sätze? Und lösen sie vielleicht Folgendes in Ihnen aus?

- »Wieso mache ich es mir selbst immer so schwer?«
- »Wieso fühle ich mich ständig für alles verantwortlich?«
- »Wieso genieße ich nicht einfach das Leben?«

Ganz einfach: Weil alles so leicht eben nicht ist, wie man es uns immer weißmachen will. Denn so einfach lassen sich Sorgen und trübsinnige Gedanken nun einmal nicht abschütteln. Auch wenn Sie vielleicht manchmal gar keinen tieferen Grund zu haben scheinen.

Silke, 43 Jahre: *In der letzten Zeit wälze ich mich nachts immer öfter hin und her. Zunächst schlafe ich ganz gut ein, aber nach drei Stunden wache ich dann oft wieder auf und kann nicht mehr einschlafen. Mir rennen dann tausend Sachen durch den Kopf. Zum Beispiel, was ich am nächsten Tag alles erledigen muss, in welcher Reihenfolge ich etwas machen soll und ob ich alles schaffe, was ich mir vorgenommen habe. Meine Gedanken springen dann hin und her. Ich versuche dann zwar alles Mögliche, um mich abzulenken: lesen oder atmen – aber meistens funktioniert das nicht.*

Sorgen tauchen mit besonderer Vorliebe nachts auf. Möglicherweise kennen Sie ähnliche Gedanken, die Ihnen über die Bettdecke kriechen:

- Was mache ich nur, wenn mein Vertrag nicht verlängert wird?

- Was mache ich bloß mit meiner dementen Mutter?
- Wie soll ich denn nur mein Arbeitspensum schaffen?
- Wie geht es bloß nach dieser Diagnose weiter?
- Was wird aus meiner Tochter, wenn sie keinen Ausbildungsplatz bekommt?
- Was sage ich meiner Kollegin, wenn sie mich wieder so abfällig behandelt?
- Ach, hätte ich mich doch nur anders verhalten.
- Habe ich auch daran gedacht, alles einzupacken?
- Wann soll ich das bloß alles erledigen?
- Wie soll ich das nur alles schaffen?

Das sind belastende Gedanken, die herumkreisen, und je nach Thema werden sie von ganz unterschiedlichen Gefühlen begleitet. Dazu zählen beispielsweise Wut, Trauer, Angst oder auch Einsamkeit. Doch wäre das alles nicht schon bedrückend genug, folgt zur Krönung noch der Selbstdruck:

»Ich muss jetzt unbedingt ganz schnell einschlafen, denn ich muss ja morgen fit sein.«

Vermutlich haben Sie auch schon oft erfahren, dass Sie auf diese Weise überhaupt nicht mehr in den Schlaf kommen. Unsere Sorgengeister sind eben eigenwillig – und mit Druck lassen sie sich schon gar nicht vertreiben. In der Dunkelheit und Stille werden sie sichtbar. Wir können sie dann nicht mehr ignorieren oder einfach beiseiteschieben.

Natürlich können sich Sorgen und Gedanken auch verselbstständigen und in Angst, Panik und Zwangsstörungen führen. Aber zunächst sind sie nichts weiter als ein Teil unseres Lebens. Sorgen stellen an uns Fragen und Aufgaben, die wir zu lösen haben, damit wir daran wachsen und reifen. Gäbe es sie nicht, wie sollten wir uns jemals entwickeln? Was wären wir für Menschen, wenn wir ständig unbeschwert durchs Leben schwingen würden? Hohle, ausdruckslose Wesen. Leichtigkeit folgt auf Schwere. Erst wenn wir gelitten haben, können wir Freude wieder richtig genießen. Und mit jeder bewältigten Aufgabe und Krise gewinnen wir an Reife und Tiefe, die uns Kraft und Zuversicht gibt.

Vermeintlich negative Gefühle sind in unserer Gesellschaft aber unerwünscht. Wir sollen alle gut drauf sein und das Leben leicht und gelassen nehmen. Und wenn uns das nicht gelingt, dann haben wir das Gefühl, versagt zu haben. Wir sind angeblich für alles, was wir fühlen, nur noch selbst verantwortlich. Schlechte Stimmung? Sorgen? Negative Gedanken? Das darf doch heutzutage nicht mehr sein. Und das Schicksal? Ursula Nuber schreibt in ihrem Buch *Das 11. Gebot,* dass uns schon gar nicht mehr der Gedanke kommt, dass es etwas gibt, was jenseits unseres Einflusses liegt. Aber nach wie vor gibt es Schicksalsschläge, die plötzlich und unerwartet über uns hereinbrechen, oder Umstände, die uns das Leben erschweren. Es gibt genügend Anlässe, sich Sorgen und Gedanken zu machen. Aber sind die meisten wirklich unnötig, wie uns oft von anderen eingeredet wird?

- Wenn meine Tochter um zwei Uhr nachts immer noch nicht zuhause ist, ist es dann unnötig, wenn ich mir als Mutter Sorgen mache?
- Wenn ich Angst habe, mein Arbeitspensum nicht zu schaffen, ist es dann unnötig, mir Sorgen zu machen?
- Wenn ich mich frage, wie ich finanziell über die Runden kommen soll, ist es dann unnötig, mir Sorgen zu machen?
- Wenn ich mir Gedanken mache, ob das Ergebnis der Krebsvorsorge wohl in Ordnung ist, ist es dann unnötig, mir Sorgen zu machen?

- Wenn ich mich sorge, meinem Partner könnte unterwegs etwas passieren, ist das dann unnötig?

Es mag richtig sein, dass sich manche Befürchtungen später von alleine auflösen. Und es stimmt auch, dass wir uns im Nachhinein oft ärgern und uns fragen: Wozu habe ich mich bloß so aufgeregt? Jetzt ist er doch heil angekommen, das Vorsorgeergebnis ist gut ausgefallen und das mit den Finanzen habe ich auch gut geregelt.

Und trotzdem machen wir uns Sorgen – aber es sind keine unnötigen. Es tut nämlich gut, wenn wir nachher erleichtert sind, weil nicht alles so gekommen ist, wie wir vielleicht befürchtet haben. Es fühlt sich gut an, erlöst zu sein oder sich zu freuen, dass alles noch glimpflich ausgegangen ist. Es fühlt sich warm an, durch die Sorge um andere Menschen wieder einmal deutlich zu spüren, wie viel sie uns wirklich bedeuten.

Sorgen heben den Wert von dem, was wir haben, was wir behalten, lieben oder beschützen wollen, noch einmal ganz besonders hervor. Indem wir uns Sorgen machen oder viele Gedanken, drücken wir auch aus, dass wir uns verantwortlich fühlen. Wir sind pflichtbewusst, wir wollen gute Arbeit machen, wir wollen, dass unsere Lieben gut versorgt sind. Wir zeigen damit, dass wir jemanden nicht missen möchten, dass uns unsere Gesundheit wichtig ist, dass wir unserer Familie auch etwas Gutes bieten wollen.

Sich zu sorgen ist keineswegs nur negativ, sondern es bedeutet: Unser eigenes Leben und das Leben anderer Menschen zu würdigen und zu schätzen.

Die Gefahr liegt nur gerade für Frauen darin, dass sie sich schnell für zu viel verantwortlich fühlen. Und das kann tatsächlich irgendwann zu einer sehr starken Belastung werden. Wenn Sie sich ständig für alles verantwortlich fühlen, überfordert und schwächt Sie das auf Dauer. Und wer findet es schon schön, nachts kaum noch Ruhe zu finden und am nächsten Tag völlig gerädert zu sein, weil das Gedankenkarussell mal wieder endlose Runden dreht.

Sie können und sollten daher versuchen, von Ihren Sorgen – soweit dies eben möglich ist – ein Stück abzurücken. Wie? Indem Sie Ihre Gedanken und Sorgengeister mäßigen, sie etwas besänftigen – damit sie Sie nicht zu sehr ärgern. Doch bedenken Sie: Vollständig beseitigen lassen sie sich nicht! Die wenigsten Frauen in der Lebensmitte schweben vergnügt durchs Leben. Mag sein, dass hier auch hormonelle Einflüsse eine Rolle spielen. Aber letztlich ist das vollkommen egal. Und selbst jene Frauen, die scheinbar sorgenfrei auf uns wirken, sind keineswegs von Problemen befreit. Es gehört zum Frausein dazu, Verantwortung zu tragen und sich zu kümmern. Nur darf es natürlich nicht ausufern und deshalb sollten Sie dem mit ein paar Strategien entgegnen.

Versuchen Sie es zunächst mit dem Gedankenstopp:

Denken oder sagen Sie laut: Stopp! Und sobald die Gedanken wieder kommen: Stopp! Immer und immer wieder!

Eine andere Variante ist Folgende:

Befristen Sie Ihre Grübelei.

Befehlen Sie sich: »Ich denke jetzt noch fünf Minuten darüber nach und dann ist Schluss!« Sagen Sie es laut, denn Selbstgespräche schaffen Abstand. Geben Sie sich exakt diese fünf Minuten, aber dann wenden Sie sich konsequent einer Tätigkeit zu.

Wenn wir uns den Kopf über etwas zerbrechen, dann sitzen wir oft still. Körper und Geist sind so eingenommen, dass wir wie gelähmt sind. Stehen Sie daher unbedingt auf. Wenn der Körper in Bewegung kommt, schwingt der Geist irgendwann mit. Setzen Sie einen Fuß vor den anderen. Gehen Sie durch Ihre Wohnung oder verlassen Sie kurz Ihr Büro. Lockern Sie durch die Bewegung Ihre Gedanken etwas auf. Es ist ganz egal, was Sie tun, aber bewegen Sie sich! Entkommen Sie der Starre und Sturheit Ihrer Gedanken.

> *Grundsätzlich hilft bei Sorgen und Gedankenkreisen nur eins: etwas zu tun, was Sie verführt. Sammeln Sie daher für diese Momente: Was hat einmal meine Aufmerksamkeit so stark gebunden, dass ich abgelenkt war? Was hat mich von meiner Grübelei entführt?*

Fotoalben durchsehen, putzen, aufräumen, Unterlagen sortieren, Keller entrümpeln, alte Kisten durchsehen, Musik hören, Kochbücher wälzen, sich von Gartenbüchern inspirieren lassen. Hilft es Ihnen, einkaufen zu gehen oder Blumen umzutopfen? Gehen Sie raus. Verlassen Sie Ihre aktuelle Umgebung. Manchmal reicht es schon, in den Keller zu gehen oder den Raum zu wechseln. Oder gehen Sie in den Wald, machen Sie Sport – wenn er Ihnen guttut.

Gehen Sie nur nicht davon aus, nie wieder in dem Gedankenkarussell zu sitzen. Aber steigen Sie zwischendurch aus, wenn es sich zu schnell dreht.

Verlegen Sie Ihre Aufmerksamkeit von innen nach außen. Sehen Sie sich ganz bewusst Schilder an: Straßenschilder, die Schilder über den Geschäften. Zählen Sie Aufkleber an Haltestellen oder Laternenpfählen. Schauen Sie sich die Nasen oder Frisuren von Menschen genau an; das Muster der Bussitze, Ihres Teppichs oder Ihrer Bodenfliesen. Die Bilder in Ihrem Büro, die Schränke, den Türrahmen.

Und nachts?

Lesen Sie, atmen Sie, versuchen Sie es mit Entspannungstechniken und Hörspielen. Aber wenn nichts gelingt, dann geben Sie nach. Nehmen Sie an, dass Sie nicht schlafen können. Setzen Sie der Geisterstunde ein Ende und entscheiden Sie: »Schluss jetzt! Die Nacht ist für mich beendet.« Stehen Sie auf und schreiben Sie Ihre Gedanken nieder. Notieren Sie, wofür Sie in Ihrem Leben dankbar sind. Das können Menschen sein, unerwartete Ereignisse, Ihre Gesundheit, das Gefühl, geliebt zu werden oder zu lieben, sicher zu wohnen. Schreiben Sie einen Dankbarkeitsbrief an sich selbst. So halten Sie die Sorgen auf Abstand.

Lösen Sie Kreuzworträtsel oder betrachten Sie die Farben des Himmels und wie sie sich im Laufe der Nacht verändern. Bleiben Sie ganz bewusst wach! Es kann zwar sein, dass Sie dann doch noch einmal richtig müde werden und einschlafen, aber rechnen Sie nicht damit. Übrigens können uns gerade nachts manche Einsichten zufallen. Ist Ihnen nicht auch schon im Dunkeln eine Idee gekommen oder etwas eingefallen, was Ihnen geholfen oder die Augen geöffnet hat? Woran liegt das? Gedankenkreisen hält uns im Thema. Es quält uns zwar, aber es bereitet uns auch vor. Wir sind dann besser gewappnet und auf vieles innerlich vorbereitet. Trotzdem ist eine schlaflose Nacht alles andere als angenehm. Vielleicht sind Sie am nächsten Tag müde und gerädert. Aber Sie sind nur müde. Und manchmal bewältigen wir trotz Übermüdung den nächsten Tag sogar erstaunlich gut. Warum? Weil wir durch den Schlafmangel überdreht sind. Und falls Sie zu gerädert sind, dann gibt es immer noch eine Lösung: Sie können jederzeit nach Hause gehen. Ja, Sie können Ihren Arbeitsplatz und jeden anderen Ort jederzeit verlassen, wenn Sie sich nicht gut fühlen. Ziehen Sie auch diese Möglichkeit in Betracht. Wenn Sie es brauchen, dann tun Sie es. Gehen Sie! Sorgen Sie für sich!

Es ist nicht leicht, den Gedankenkreislauf zu unterbrechen, um von den Sorgen abzurücken. Üben Sie es trotzdem immer wieder. Versuchen Sie, es auszuhalten. Vielleicht nur 10 oder 15 Minuten.

Es geht dabei keineswegs darum, Ihre Gedanken zu unterdrücken. Es geht vielmehr darum, sich eine kurze Auszeit zu nehmen. Die Sorgen bleiben, wo sie sind. Sie können also immer zu ihnen zurückkehren. Aber bringen Sie etwas Luft zwischen sich und den Gedanken. In der Zwischenzeit sortiert sich im Hinterkopf auch manches von alleine. Das merken Sie daran, dass Sie manchmal Blitzideen oder Eingebungen haben. Sie wissen dann plötzlich ganz genau, was zu tun ist. Das heißt, es arbeitet und geistert in Ihnen herum, auch ohne dass Sie sich gedanklich zermürben.

Wenn Sie sich in die Gegenwart holen wollen, dann schreiben Sie auf einen Zettel: »Wo bin ich?«

Sobald Sie diesen Satz lesen, holt er Sie umgehend ins Hier und Jetzt zurück. Warum? Weil Sie immer da sind, wo Ihre Aufmerksamkeit ist. Der Satz: »Wo bin ich?« zieht Sie umgehend von den Gedanken, Sorgen oder Befürchtungen ab, die sich entweder auf die Vergangenheit oder die Zukunft beziehen. Deponieren Sie den Zettel an möglichst vielen Orten.

Um manchen Sorgen die Schwere zu nehmen, hilft es außerdem, die Erinnerung an unerwartete Ereignisse in Ihrem Leben aufzuschreiben.

Was ist in Ihrem Leben bislang Unvorhergesehenes passiert? Was haben Sie anders geplant, als es tatsächlich gekommen ist?

- Haben Sie nur ein Kind, obwohl Sie zwei wollten?
- Sind Sie geschieden, obwohl es für Sie undenkbar war, ohne Ihren Mann zu leben?
- Arbeiten Sie in einem Beruf, der nichts mit Ihrer Ausbildung zu tun hat?
- Leben Sie mit jemandem zusammen, obwohl Sie immer überzeugter Single waren?
- Sind Sie doch wieder umgezogen, obwohl Sie ganz sicher waren, in der letzten Wohnung oder Stadt wohnen zu bleiben?
- Hatten Sie einen Unfall, eine Erkrankung oder einen Jobverlust?

Vieles, was wir planen, kommt oft ganz anders. Manchmal entscheiden wir uns sogar im letzten Moment noch um. Das kennen Sie sicher auch:

- Sie sind eingeladen und planen, das blaue Kleid anzuziehen. Und im allerletzten Moment tauschen Sie es dann doch mit dem grauen Hosenanzug.
- Sie nehmen sich fest vor, Ihrem Kollegen ganz deutlich die Meinung zu sagen. Und dann stehen Sie vor ihm und sind auf einmal verständnisvoll und zugewandt.
- Sie haben auf Lehramt studiert und sich dann doch als Grafikdesignerin selbstständig gemacht.

Und warum geschieht das, obwohl wir andere Pläne hatten? Weil es Zufälle gibt, Ereignisse, Situationen, Stimmungen und Begegnungen, die wir nicht vorhersehen können. Wir sind keine Hellseherinnen. Das heißt, wir müssen die Hände von der Glaskugel nehmen und sie beiseitestellen. Wir müssen den Glauben an die absolute Planbarkeit unseres Lebens aufgeben und uns selbst und auch andere Menschen zu einem guten Teil dem Leben überlassen. Das ist schwer, weil wir immer alles kontrollieren wollen. Doch bedenken Sie: Es kommt, wie es kommt. Und es ist, wie es ist.

> *Schreiben Sie auf: Was ist in meinem Leben anders gekommen, als ich dachte? Welche Ereignisse in meinem Leben sind überraschend passiert, auf die ich keinen Einfluss hatte?*

Das Leben führt. Wir können nicht auf alles, was im Leben geschieht, vorbereitet sein. Wir können nicht alles durchplanen und sicher sein, dass es funktioniert. Wir können weder vermeiden, dass andere uns verletzen, noch können wir andere davor schützen. Wir können nicht die Welt auf unseren Schultern tragen. Sie liegt auf den Schultern aller Menschen – nicht nur auf Ihren! Und das heißt: Sie sind nicht für alles, was auf dieser Welt geschieht, verantwortlich!

Um Sorgen lässt sich übrigens auch nicht konkurrieren. Daher lassen Sie das Argument nicht gelten, dass es anderen doch viel schlechter geht als Ihnen. Alle Sorgengeister sind gleichberechtigte Wesen. Wenn Sie nicht wissen, wie Sie die teure Reparatur des Autos finanzieren sollen, dann ist das für Sie in diesem Moment sehr belastend. Wenn

Ihre Freundin sich sorgt, ob sie eine Vertragsverlängerung bekommt, dann ist das für Ihre Freundin sehr belastend. Vielleicht fänden Sie es auch schlimmer, in der Situation Ihrer Freundin zu sein, aber deswegen ist Ihre Sorge um die Finanzierung Ihres Wagens nicht plötzlich verschwunden. Wir müssen uns gegenseitig ernst nehmen. Mit unseren individuellen Gefühlen, Gedanken und auch mit unseren Sorgen.

Wann haben Sie zuletzt Ihre Lebensbereiche nach Zuständigkeiten überprüft? Was Sie einmal übernommen haben, muss schließlich nicht auf Lebenszeit so bleiben. Verantwortungsbereiche ändern sich und Sie können Aufgaben, die Sie übernommen haben auch wieder zurückgeben.

Denn manchmal merken wir erst im Nachhinein, dass wir uns zu viel aufgehalst haben. Und gerade in der Lebensmitte verzetteln wir uns oft, weil wir noch von unseren alten Kraftreserven ausgehen. Doch Sie können Ihrem Bruder sagen, dass er sich auch um den Nachlass Ihrer Mutter kümmern soll. Sie können Ihrer Tochter sagen, dass Sie sie von nun an nicht mehr zum Reiterhof fahren. Sie können Ihrer Abteilungsleiterin sagen, dass Sie das neue Projekt nun doch nicht zusätzlich zu den anderen betreuen wollen. Das heißt: Sie können einen einmal vollzogenen Schritt auch wieder zurücknehmen! Sie zeigen damit Profil und Sie gehen verantwortungsvoll und reif mit sich um. Bestimmen Sie also selbst, was Sie leisten können und wollen.

Schreiben Sie detailliert auf: Für was bin ich wirklich verantwortlich? Für was will ich weiterhin verantwortlich sein? Sowohl beruflich als auch privat.

Seien Sie aufrichtig zu sich selbst, indem Sie sich fragen: Was könnte ich an wen delegieren? Und warum tue ich es nicht? Vielleicht befürchten Sie, dadurch etwas von Ihrer Kontrolle oder Macht zu verlieren. Vielleicht haben Sie Angst, überflüssig zu werden oder für andere nicht mehr so wichtig zu sein. Das sind ganz menschliche Gefühle. Denn wir sind eitel, wir brauchen Anerkennung, wir suchen Bestätigung, wir wollen wichtig sein und geschätzt werden. Aber wägen Sie ab, was Sie abgeben und was Sie Neues gewinnen können. Sie schaffen sich damit Freiraum und sicherlich die eine oder andere erholsame Nacht.

Zum Festhalten:
Sie können nicht auf alles im Leben vorbereitet sein. Lassen Sie die Sorgengeister herein, aber geben Sie ihnen nicht zu viel Raum. Rücken Sie aktiv von Ihren Sorgen und Gedanken ab oder geben Sie Verantwortungsbereiche zurück. Die Welt liegt nicht allein auf Ihren Schultern.

9. Altern? Ja, aber bitte mit Würde: Das Gefühl vor einer Reise durch ein unbekanntes Land

Wir altern. Und das kontinuierlich. Das heißt, wir sind nicht plötzlich alt, sondern Älterwerden ist ein Prozess, der sich schleichend und fast unbemerkt vollzieht. In der Lebensmitte werden wir jedoch besonders aufmerksam für das Älterwerden, denn unser Körper und unser Aussehen rücken nun verstärkt in den Mittelpunkt. Schubweise entdecken wir, mal verwundert, mal erschrocken, wie wir uns deutlich und unübersehbar verändern. Wir entdecken Falten unter den Augen, die sonst nicht da waren. Die Haare werden dünner, die Haut unter dem Kinn erscheint uns schlaffer und irgendwie bekommt der ganze Körper eine andere Form. Doch nicht nur unser Aussehen verändert sich, auch die Kraft und die Konzentration lassen schneller nach.

In der Mitte des Lebens befinden wir uns auch was unseren Körper und unser Aussehen betrifft auf einer Entdeckungsreise durch ein unbekanntes Land. Denn das, was wir sehen, die Veränderungen, die wir nun an uns feststellen, kommen uns reichlich fremd vor: Das soll ich sein? So sehe ich aus? Das bin ich jetzt?

Britta, 47 Jahre: *Ich hatte immer schöne, kräftige Beine. Sie waren mein ganzer Stolz und ich wurde von vielen darum beneidet. Obwohl ich weiterhin viel Sport mache, lässt die Muskelmasse und die Spannkraft der Haut trotzdem nach. Sie fühlen sich jetzt einfach nicht mehr so fest und stramm an und sehen auch nicht mehr so schön aus. Dabei war ich immer so stolz auf meine Beine. Ich könnte manchmal heulen.*

Je nach Lebenslage, Lebensalter und Lebenssituation geht jede Frau anders mit dem Älterwerden um. Vieles hängt auch davon ab, wie viel Bedeutung und Aufmerksamkeit wir unserem Körper von jeher zugestanden haben. Es gibt Frauen in der Lebensmitte, für die es kaum erträglich ist, den Alterungsprozess an sich wahrzunehmen. Sie kämpfen mit allen Mitteln dagegen an und schrecken selbst vor »einschneidenden« Maßnahmen nicht zurück. Andere wiederum reagieren traurig und gehen versöhnlicher mit den Veränderungen um.

Anja, 52 Jahre: *Ich habe immer über meinen Körper geschimpft. Irgendwas hatte ich immer an ihm auszusetzen: zu dicke Beine, zu dünne Haare, zu unreine Haut. Ich habe unzählige Diäten gemacht. Und jetzt, seitdem ich krank bin, da schäme ich mich richtig dafür, wie ich meinen Körper behandelt habe. Jetzt tut es mir richtig weh, wie schlecht ich immer über ihn gedacht habe und dass ich ständig über seine Grenzen hinausgegangen bin.*

Wenn wir krank sind, dann verändert sich unsere Sichtweise auf unseren Körper. Dann geht es nur noch darum: Ich will aufstehen können. Ich will mich wieder kräftiger fühlen. Ich will mich bewegen können. Ich will schmerzfrei sein. Und wenn wir sehr schwer erkrankt sind, dann heißt es nur noch: Ganz gleich, wie ich aussehe – ich will einfach nur leben. Viele Frauen gehen sogar erst dann liebevoll mit ihrem Körper um und erkennen ihn als das, was er ist: unser vertrauensvollster, intimster Lebensgefährte, mit dem wir bis zum Schluss zusammen sind.

Aber wir bemerken unser Älterwerden nicht nur durch unser Aussehen oder unseren Körper. Auch von unserer Umwelt bekommen wir den Spiegel des Alters vorgehalten.

Katrin, 50 Jahre: *Bevor unsere Firma insolvent wurde, habe ich mich nie alt gefühlt. Aber nun bin ich seit sechs Monaten arbeitslos und gelte als schwer vermittelbar. Ich weiß nicht, wie viele Bewerbungen ich schon geschrieben habe, aber ich bekomme nur Absagen. Dabei habe ich immer gerne gearbeitet. Und ich war immer zuverlässig und so gut wie nie krank. Und jetzt? Meine Arbeit fehlt mir sehr. Ich bin mit 50 doch noch viel zu jung, um nicht mehr zu arbeiten.*

Haben Sie sich auch schon gefragt, wie es dazu kommt, dass Sie sich plötzlich alt oder älter fühlen? Es sind verschiedene Einflüsse, die auf uns einwirken und dazu führen, dass wir das Älterwerden an uns wahrnehmen.

Wir fühlen uns manchmal alt, weil es sichtbarer wird: an der Haut, dem Haarausfall, an den Falten im Gesicht, der nachlassenden Straffheit des Körpers, den Schlupflidern oder den verquollenen Augen am Morgen.

Wir fühlen uns manchmal alt, weil es spürbarer wird: an den Stimmungsschwankungen, der nachlassenden Leistungsfähigkeit, der schnelleren Erschöpfung, dem Umstand, sich an manchen Tagen unbegründet kraftlos, müde und erschlagen zu fühlen, und an der Konzentration, die uns manchmal fehlt.

Wir fühlen uns manchmal alt, weil es uns vermittelt wird: durch die Medien, die uns vorschreiben, attraktiv und jung zu sein, und uns genau vorgeben, wie wir auszusehen haben. Durch die Männer, die sich für jüngere Frauen interessieren und für die wir auf einmal unsichtbar sind. Durch den Arbeitsmarkt, wenn es heißt: über 40? Über 50? Keine Chance.

In der Lebensmitte wird uns auf einmal deutlich, wie schnell das Leben vergeht und vorbei sein kann. Wir sehen, wie schnell unsere Kinder reif und erwachsen werden. Wir erleben, dass unsere Eltern hochbetagt sind, pflegebedürftig werden oder sterben. Wir haben Freunde, die plötzlich schwer erkranken. Und wir sehen an anderen Menschen, die genauso alt sind wie wir, wie stark sie plötzlich gealtert sind. Und dann taucht ganz unerwartet die Frage auf: Sehe ich auch schon so aus? Denken die anderen auch so über mich? Bin ich nun auch schon alt?

Zu jeder Zeit wird uns vorgegeben, wie wir auszusehen haben und was als schön und attraktiv gilt. Denken Sie einmal zurück: Früher war es völlig normal, behaarte Beine oder Achselhaare zu haben. Heute muss jede Stelle des Körpers glatt und von jedem Haar befreit sein, um nicht ungepflegt dazustehen. Während Schönheitsoperationen und Botox früher undenkbar waren, ist es heute keineswegs mehr ein Tabu, sich dadurch verjüngen zu lassen. Und durch die freizügigen Darstellungen von Frauen in den Medien haben wir inzwischen sogar intime Vergleichsmöglichkeiten. Früher konnten wir uns gerade mal durch einen verstohlenen Blick in der Umkleidekabine des Schwimmbades mit einem entblößten Frauenkörper vergleichen. Heutzutage haben wir durch Zeitschriften, Werbeplakate und das Internet die freie Auswahl. Allerdings verunsichert die Möglichkeit, alles jederzeit sehen zu können, auch viele Frauen, denn der Schönheitskult nimmt inzwischen skurrile Ausmaße an. Ob Intimrasur oder Operationen an den Schamlippen: Immer mehr Frauen wollen beispielsweise im Schambereich aussehen wie ein junges Mädchen. Die Vaginalchirurgie ist sogar das am schnellsten wachsende Segment ihrer Fachrichtung, berichtet Ursula Nuber in ihrem Buch *Das 11. Gebot.* Wir sollten es daher als unsere Pflicht ansehen, uns diesem ausufernden Schönheitsdiktat ganz klar zu verweigern. Das bedeutet aber keinesfalls, dass wir nun plötzlich hässlich werden müssen, schreibt die Autorin Christiane Zschirnt in ihrem Buch *Wir Schönheits-Junkies*. Sie müssen aber auch nicht aussehen wie die Models in den Frauenzeitschriften und schon gar nicht wie die Pornostars im Internet. Und sollte das irgendjemand von Ihnen erwarten oder verlangen, dann sollten Sie sich schnellstens von dieser Person verabschieden.

Gehen Sie doch einmal folgender Frage nach: Wie gehen Sie mit den Erscheinungen des Älterwerdens um?

- Betrachten Sie Ihr Aussehen sehr aufmerksam und verfolgen Sie mit kritischem Blick jede kleine Veränderung an sich?
- Ist Ihr Körper für Sie irgendwann zum Dreh- und Angelpunkt ihres Lebens geworden? Und ist er es noch?
- Leiden Sie unter den Veränderungen, die Sie in Ihrem Spiegelbild entdecken?
- Wie verändert sich zurzeit Ihre Haltung zu Ihrem Aussehen und Ihrem Körper?
- Fühlen Sie sich manchmal unter Druck, möglichst jung auszusehen?

Wenn Sie in der Lebensmitte sind und bemerken, wie sich Ihr Körper verändert, dann kann Sie das verunsichern, Ihnen Sorgen bereiten und Sie schlimmstenfalls in Angst und Panik versetzen. Warum? Weil neu ist, was Sie sehen und erleben. Und manches, was Sie in Ihrem Spiegel erblicken, erscheint Ihnen vielleicht sogar unfassbar. Bin ich das? Bin ich das wirklich? Habe ich mich so verändert? Und bleibt das nun alles so?

Sie spüren und sehen: Da ist etwas anders als zuvor. Und manches an sich, mit dem Sie immer zufrieden waren oder was Sie schön fanden, ist plötzlich unwiderruflich verschwunden. Das tut weh und ist nicht selten auch ein Schock. Denn dadurch wird uns klar, dass unser Leben begrenzt ist: Wir werden älter. Und das Älterwerden fließt ins Sterben und endet irgendwann mit unserem Tod. Wann, dass wissen wir nicht. Aber der Gedanke rückt jetzt näher und deshalb entstehen in uns die vielen Sinnfragen in der Mitte des Lebens.

Sind Sie gerne auf dieser Welt? Wollen Sie lange leben? Wollen Sie älter werden?

Falls ja, dann nehmen Sie auch an, dass Älterwerden und Altern unzertrennbar zusammengehören. Sagen Sie ja zum Älterwerden und auch ja zum Altern – aber bitte mit Würde.

Sicher, es ist manchmal traurig zu erkennen, wie sich der Körper verändert. Falten, Bindegewebsschwäche, Gewichtsschwankungen und Haarausfall sind sicher nicht schön. Sie können es bedauern und eine Zeit lang beklagen, aber irgendwann ist es an der Zeit, sich endgültig von der Jugend zu verabschieden. Auch das zählt zum Reifungsprozess in der Mitte des Lebens dazu. Und genau das bedeutet, mit Würde zu altern.

Üben Sie sich darin, sich von nun an immer öfter wohlwollend und freundlich anzusehen.

Verabschieden Sie sich von den Vergleichen mit anderen Frauen oder den Models aus den Modezeitschriften. Sie wissen doch selbst: Im ständigen Vergleich mit anderen, insbesondere Jüngeren, werden Sie auf Dauer unzufrieden. Es stürzt Sie unnötig in seelische Abgründe. Es ist erschreckend genug, wie unbarmherzig viele Frauen über Jahrzehnte mit ihrem Körper umgehen. Manchmal wird er maßlos vollgestopft, dann wieder gnadenlos ausgehungert oder zu sportlichen Höchstleistungen getrieben. Zum Glück relativiert sich für viele Frauen im Verlauf der Lebensmitte diese Hassliebe zu ihrem Körper, weil nun eine aufrichtigere Zuwendung zu sich selbst beginnt. Daraus entsteht ein wohlwollender Blick auf uns selbst. Wir pendeln uns dann irgendwann ein und sind friedfertiger uns selbst gegenüber eingestellt. Aber das dauert seine Zeit. Und diese Zeit sollten auch Sie sich geben. Wenn Sie ein unbekanntes Land wirklich entdecken wollen, dann lässt es sich nun einmal nicht im Schnelldurchgang bereisen.

Forschen Sie daher nach und beantworten Sie folgende Frage: Wann habe ich mich in meinem Leben rundum wohl in meinem Körper und mit meinem Aussehen gefühlt?

Schauen Sie sich dafür verschiedene Fotos von sich an. Versuchen Sie, sich genau zu erinnern, wie Sie sich damals in Ihrem Körper und mit Ihrem Aussehen gefühlt haben. Waren Sie so richtig zufrieden mit sich? Haben Sie sich wohl in sich gefühlt? Oder gab es damals auch irgendetwas, was Sie an sich auszusetzen hatten?

Wie nehmen Sie sich heute auf den Fotos wahr? Finden Sie sich schön? Hatten Sie in Ihren Augen eine gute Figur und faltenfreie Haut? Haben Sie das damals genauso empfunden wie heute oder fühlten Sie sich damals ganz anders, als das Foto gemacht wurde? Würden Sie heute gerne wieder so aussehen wie auf dem Bild von früher?

Manche Frauen sehen sich Fotos von vor zwei Jahren an und sagen: »Ich weiß noch genau, damals dachte ich auch schon, dass ich alt aussehe. Und jetzt bin ich zwei

Jahre älter und denke: Mensch, damals warst du doch noch richtig jung!« Kommt Ihnen das bekannt vor?

Seien Sie also wachsam: Verklären Sie die Vergangenheit nicht. Und diskutieren Sie doch auch einmal mit Ihren Freundinnen oder Bekannten darüber.

Sollten Sie jedoch bei Ihrer Suche einen Zeitraum entdecken, in dem Sie rundum zufrieden mit sich waren, dann überlegen Sie: Wie lange hielt diese Phase an? Waren es Jahre, Monate, Tage, Stunden, oder waren es nur wenige Momente – wenn nicht sogar nur Augenblicke?

Manchmal sind es wirklich nur kurze Momente, in denen wir uns rundum mit uns zufrieden fühlen. Meistens kommt es auf die Situation an, in der wir uns gerade befinden. Zum Beispiel bevor wir ausgehen, also nachdem wir uns zurechtgemacht haben. Oder wenn wir frisch verliebt sind und im Liebesrausch das Gefühl haben, ganz sicher die einzige und schönste Frau für den anderen zu sein.

Wenn Sie feststellen, dass Sie dauerhaft niemals so richtig mit Ihrem Aussehen und Körper zufrieden waren, dann haben Sie offensichtlich die Neigung, immer mal wieder etwas an sich zu bemängeln. Damit stehen Sie übrigens nicht alleine da. Den meisten Frauen ist sehr vertraut, ihr Äußeres zu kritisieren. Aber nun haben Sie die Möglichkeit, endlich Frieden mit sich zu schließen und genau dadurch zu lernen, in Würde zu altern.

Was bedeutet das eigentlich: in Würde zu altern?

- In Würde zu altern heißt: Ich will meine körperlichen Veränderungen akzeptieren.
- In Würde zu altern heißt: Ich will meine Vergänglichkeit annehmen.

- In Würde zu altern heißt: Ich will mich von dem Schlankheits- und Schönheitswahn verabschieden.
- In Würde zu altern heißt: Ich will der Jugend ihre Jugend zu lassen und mich nicht mit ihr gleichstellen.
- In Würde zu altern heißt: Ich will mit mir selbst menschenwürdig umgehen.

Die Würde des Menschen ist unantastbar. Dieser Grundsatz gilt nicht nur für andere Menschen, sondern auch für Sie! Menschenwürdig mit sich selbst umzugehen bedeutet, dass Sie sich um Ihrer selbst willen achten. Das heißt, dass Sie sich mit all Ihren körperlichen Veränderungen und trotz mancher Entstellungen, die vielleicht durch Krankheiten oder Operationen entstanden sind, immer Ihre Würde bewahren. Menschliche Würde bedeutet: Achtung vor dem Leben zu haben. Und in Würde zu altern bedeutet, dass Sie Ihr eigenes kostbares Leben achten und vertiefen und nicht das Jungsein verlängern. Es geht also nicht um eine künstliche Verlängerung Ihrer Attraktivität, sondern um die vertiefende Bereicherung Ihres Lebens! Und in dieser Tiefe sind Sie übrigens immer schön!

Fragen Sie sich aufrichtig:

- Gehe ich menschenwürdig mit mir selbst um?
- Achte ich mich um meiner selbst willen?
- Respektiere ich meine körperlichen Grenzen und Schwächen?
- Habe ich Ehrfurcht vor meinem eigenen Leben?

Vielleicht brauchen Sie etwas Zeit, um Ihren gereiften Körper aufrichtig anzusehen und so, wie er sich Ihnen nun zeigt, zu akzeptieren. Doch üben Sie sich immer wieder darin, sich wertschätzend zu betrachten. Schließlich ist Ihr Köper Ihr Heim und das Haus, das Sie mit Ihrem Geist und Ihrer Seele auf Lebenszeit bewohnen. Ihr Körper trägt Sie, er stützt Sie, er beschützt Sie, durch ihn atmen Sie und durch ihn erleben Sie die wunderbarsten Gefühle. Es gibt nicht Sie und Ihren Körper. Sie sind auch Ihr Körper! Sie leben durch ihn. Spalten Sie sich nicht von ihm ab, nur weil Ihnen nicht gefällt, was Sie im Spiegel sehen oder weil er nicht mehr so belastbar ist.

Es mag sein, dass es eine Weile dauert, bis Sie sich damit angefreundet haben, dass die Beine nicht mehr so stramm, die Brüste vielleicht nicht mehr in der vertrauten Form sind und die Haut sich weicher anfühlt. Aber schauen Sie hin. Vielleicht erst einmal kurz, aber das immer und immer wieder. Altern ist eine zaghafte Annäherung an sich selbst.

Nehmen Sie sich doch vor dem Baden einmal Zeit, um sich wirklich anzusehen.

Wie sehe ich aus? Müde und erschöpft? Welche Farbe hat meine Haut? Wie sehen meine Brüste aus? Wie fühlen sich meine Beine an? Wie haben sich meine Hände und Füße verändert? Sind an meinem Körper Narben sichtbar? Woher stammen sie? Zählen Sie Ihre Muttermale. Schauen Sie hin. Sehen Sie sich an.

Es ist natürlich kaum möglich, sich dabei nicht zu bewerten. Wir alle neigen dazu, uns selbst und andere Menschen zu beurteilen und zu bewerten. Und wenn Sie sich Ihr Leben lang kritisch betrachtet haben, dann lässt sich das auch nicht plötzlich abstellen. Doch was tun, um nicht in vernichtende Selbsturteile zu verfallen? Sie können sich Schritt für Schritt darin üben, sich selbst ein wenig sanfter und versöhnlicher anzusehen. Das heißt, Sie können mit einer wohlwollenden Haltung Ihren Blick ansetzen. Wie? Indem Sie nicht gleich panisch werden und denken: »Oje, wie sehe ich denn aus!«, sondern indem Sie sich vorher sagen: »Mir muss jetzt nicht alles gefallen, was ich da sehe, aber ich sehe trotzdem hin. Denn so sehe ich aus. Das bin ich. Das bin ich jetzt.« Lassen Sie alle Gefühle zu, die damit einhergehen. Denn es sind Ihre Gefühle in der Lebensmitte. Das heißt, Sie dürfen dabei traurig sein. Sie dürfen bedauern, dass Ihre Jugend endgültig vorbei ist. Sie dürfen um die verlorene Brust weinen und über die Narben als Folge der Operation. Nehmen Sie sich die Zeit und die Ruhe, den schmerzlichen Verlust Ihrer körperlichen Unversehrtheit und Jugend zu würdigen. Aber registrieren Sie auch, was gut ist, was Ihnen gefällt. Die Farbe Ihrer Augen, Ihre Handgelenke, Ihre Lippenform, Ihre Füße, Ihr Lächeln – gehen Sie auf die Suche mit einem wohlwollenden Blick.

Vergessen Sie nie: Sie sind und bleiben makellos – auch mit oder gerade wegen Ihrer ganz persönlichen Lebensspuren.

> *Wenn Sie sich unwohl in Ihrem Körper fühlen, dann fragen Sie sich einmal Folgendes: Was für ein Körper würde zu mir passen?*

Wie müsste mein idealer Körper aussehen? In welcher Verfassung müsste er sein, damit ich das Gefühl habe: Dieser Körper passt zu mir. Er passt zu meiner Persönlichkeit. Er passt zu dem, wie ich denke und wie ich fühle. Dieser Körper passt zu dem, was ich erlebt habe. Er passt zu meiner Lebensgeschichte. Und dann überlegen Sie, was diesen Wunschkörper von dem Körper, den Sie haben, unterscheidet. Vielleicht merken Sie, dass Ihr Körper so wie er jetzt ist, eigentlich doch ganz gut zu Ihnen passt.

Oder Sie spüren, dass er Ihnen doch ganz gut gefällt. Wenn Sie es könnten, würden Sie irgendein Körperteil von sich hergeben oder tauschen? Und falls ja, welches? Ihre Hand? Ihre Beine? Ihre Nase? Lassen Sie diese Frage einmal auf sich wirken. Und schreiben Sie Ihrem Körper doch mal einen Brief. Sagen Sie ihm ganz offen und ehrlich, wie Sie über ihn denken. Und dann lassen Sie einmal Ihren Körper sprechen: Schreiben Sie auf, was Ihr Körper wohl über Sie denkt und wie er sich von Ihnen behandelt fühlt. Schreiben Sie aus der Sicht Ihres Körpers.

Wenn Sie sich dem Altern annähern, dann heißt das nicht, dass Sie sich nun einreden sollen, alt zu sein. Sie dürfen sich weiterhin jung fühlen. Sie spüren doch: Ihre Seele altert nicht. Selbst hochbetagte Menschen sind überschwänglich, wenn sie sich verlieben, und können es kaum fassen, schon so alt zu sein. Das kleine Mädchen, der Teenager, die junge Frau in Ihnen – all diese Personen sind auch jetzt noch da und innerlich miteinander verbunden. Sie dürfen und sie sollen bleiben, aber entkoppeln Sie sie von Ihrem Äußeren. Sie müssen im Sommer keinen Minirock mehr tragen und stramme, feste Beine vorzeigen. Sie müssen nicht demonstrieren, mit den Jüngeren noch gut mithalten zu können. Wozu? Kleiden Sie sich einfach so, wie es jetzt zu Ihnen passt und womit Sie sich wohl und sicher fühlen. Und verhalten Sie sich wie eine reife Frau, die in sich wohnt und ruht und nach wie vor verschmitzt wie ein kleines Mädchen lächeln kann.

Sie können auch einmal einen Ja-Tag durchführen. Notieren Sie ihn sich in Ihrem Kalender. Sagen Sie zu allem an diesem Tag ja: ja zum Wetter, ja zum Verkehr, ja zu den Launen Ihres Partners, zu Ihrer Kraftlosigkeit,

Müdigkeit, zu Ihrem Aussehen und Ihrem Gewicht. Egal, was es ist. Sagen Sie innerlich zu allem ja.

Werten Sie abends Ihren Ja-Tag schriftlich aus. Wie habe ich diesen Tag erlebt? Wann ist das Ja mir leichtgefallen? Was war für mich schwierig zu bejahen? Auf diese Weise erfahren Sie sehr viel über sich. Sie ertappen sich dabei, bei welchen Themen Sie in Selbstkritik verfallen und was und wem Sie innerlich sonst mit Ablehnung und Widerstand begegnen.

Tauschen Sie sich auch einmal in Ihrem Freundeskreis aus.

Machen Sie einen Frauenabend und sprechen Sie miteinander darüber, wie Sie Ihr Älterwerden empfinden. Viele Frauen geben sich Tipps, was sie jung und fit hält. Aber sprechen Sie doch einmal darüber, was Sie alt macht oder alt fühlen lässt. Welche Vorzüge hat es, älter zu sein? Und was empfinden Sie als nachteilig?

Gehen Sie von nun an mit Ihrem Alter, damit Sie eines Tages nicht davon überrascht werden. Die Lebensmitte ist der beste Zeitraum, sich mit dem Älterwerden und der eigenen Endlichkeit anzufreunden. Es bleibt ungewiss, was mit dem Älterwerden auf Sie zukommt. Sie können aber mit offenen Augen auf die Reise gehen und unterwegs ganz besonders gut und sorgsam auf sich achten.

Zum Festhalten:
Ihr Körper ist das Haus, in dem Ihre Seele wohnt. Schließen Sie Frieden mit sich selbst und verabschieden Sie sich Schritt für Schritt vom Jungsein! Lassen Sie sich nicht vom Altern überraschen, sondern treten Sie mit wohlwollendem Blick die Reise in die Fremde an.

10. Neuanfang? – Ein verlockender Gedanke: Das Gefühl »Jetzt will ich es wagen!«

In der Lebensmitte kommen Sie um einen Neuanfang kaum herum, denn er drängt sich Ihnen regelrecht auf. Wenn Sie sich intensiv mit sich beschäftigen, wenn Sie unzufrieden sind oder in einer Krise stecken, dann stehen immer Veränderungen an. Und Veränderung bedeutet Neubeginn – in welcher Form auch immer. In der Mitte des Lebens dringen tief in uns schlummernde Gefühle stark nach oben und flüstern uns zu: »Schau hin! Sieh dir dein Leben genau an!« Und das sind oft deutliche Vorzeichen, die ankündigen: Jetzt möchte ich etwas ändern. Jetzt will ich etwas ändern. Jetzt muss ich etwas ändern.

Ein Neuanfang muss keineswegs immer große oder radikale Umbrüche nach sich ziehen. Neuanfänge können sich sowohl im Großen wie im Kleinen zeigen. Das Entscheidende ist, dass Sie zunächst überhaupt erkennen, in welchem Lebensbereich eine Veränderung ansteht. Es ist also wichtig, dass Sie aufmerksam für die Zeichen sind, die Ihnen Ihre Gefühle geben. Denn wenn Sie wegsehen, dann kann es sein, dass irgendwann die Unzufriedenheit an Ihren Lebenskräften nagt. Und dafür ist Ihr Leben zu wertvoll und zu begrenzt.

Ulrike, 47 Jahre: *Ich bin jetzt 16 Jahre verheiratet. Doch in der letzten Zeit frage ich mich immer öfter, wie es wohl wäre, alleine zu leben. Es ist schon komisch, aber irgendwie kriege ich allein bei dem Gedanken schon viel mehr Luft. Ich stelle mir dann vor, was ich alles machen könnte. Und ich bin erstaunt, was mir da so alles einfällt. Zwischen meinem Mann und mir ist alles irgendwie eingeschlafen. Er sitzt jeden Abend vor dem Fernseher und interessiert sich sowieso nicht mehr für mich. Ich merke, ich habe andere Ansprüche an eine Beziehung. Mir reicht das so nicht mehr.*

Gefühlsveränderungen zeigen sich auch oft körperlich und geben uns deutliche Hinweise, dass etwas in unserem Leben nicht mehr stimmt.

Nicole, 45 Jahre: *Ich komme im Moment morgens kaum noch aus dem Bett. Ich fühle mich ständig wie erschlagen. Ich habe überhaupt keine Lust mehr zu arbeiten. Manchmal zieht sich mir richtig der Magen zusammen, wenn ich vom Parkplatz in die Firma gehe. Und sonntags bin ich schon deprimiert, weil ich weiß, dass ich wieder eine ganze lange Woche vor mir habe. Ich bin es so leid. Jeden Tag das Gleiche. Es erscheint mir alles so sinnlos. Ich will da eigentlich nicht mehr hin. Aber was soll ich schon machen?*

Wenn wir ständig müde und träge sind und uns niedergeschlagen und leer fühlen, dann ist das eine Aufforderung an uns, zu überprüfen, was in unserem Leben nicht mehr richtig läuft.

Monika, 52 Jahre: *Wir sind vor zwei Jahren umgezogen. Aber ich fühle mich in dieser Stadt einfach nicht wohl. Dabei habe ich mich wirklich darauf gefreut, einmal in eine andere Gegend zu ziehen. Doch die Menschen hier sind irgendwie ganz anders. Und ich vermisse auch meine vertrauten Geschäfte und sogar meine Ärzte. Ich hätte nicht gedacht, dass ich so an meiner Heimatstadt hänge. Aber ich bin hier richtig unglücklich und fühle mich oft einsam. Am liebsten möchte ich wieder zurück.*

Einem Neuanfang gehen oft Unwohlsein, Unzufriedenheit, eine tiefgreifende Krise und schlimmstenfalls ein schwerer Schicksalsschlag voraus. Wir ändern nur leider oft erst dann etwas, wenn wir bereits leiden oder Katastrophen über uns hereinbrechen. Manchmal sind es äußere Ereignisse, die uns wachrütteln und zu Veränderungen zwingen: der Verlust des Arbeitsplatzes, eine schwere Erkrankung, der Betrug des Partners oder der Tod eines lieben Menschen. Wenn es nicht so radikal über uns kommt, dann dauert es oft seine Zeit, bis wir überhaupt verstehen, was uns unzufrieden macht. Denn obwohl wir spüren, dass uns etwas die Lebensfreude nimmt, gehen wir diesem Mangel nicht nach, sondern verwerfen oder ignorieren ihn zunächst. Kennen Sie auch diese ausweichenden Sätze?

»Ach, das wird schon wieder.«

»Da muss ich eben durch.«

»Ich habe zurzeit einfach nur einen Durchhänger.«

»Ich kann die Situation sowieso nicht ändern.«

»Das Leben ist nun mal nicht so leicht.«

Wir richten uns damit in einem Leben ein, obwohl es längst nicht mehr das Leben ist, das zu uns passt. Aber so funktioniert Leben nicht. Denn das hat mit Lebendigkeit nichts mehr zu tun, sondern vielmehr mit emotionaler Selbstbetäubung bis hin zur Selbstaufgabe. Doch unser Lebensfunke will nicht verkümmern, sondern aus uns heraussprühen.

Wenn Sie aufrichtig in sich hineinhorchen, dann hören Sie ganz deutlich die Sätze, die vor jedem Neubeginn stehen: Es reicht. Ich will nicht mehr. Ich kann nicht mehr. Ich will so nicht mehr leben. Ich will hier nicht mehr leben. Ich habe genug davon. Ich bin es leid. Ich brauche eine Veränderung, etwas Neues, etwas anderes. Ich brauche etwas, um mich endlich wieder wohler zu fühlen. Es ist das untrügliche Gefühl, das sich meldet und sagt: Das, was ich jetzt bin, was ich jetzt habe, wie ich jetzt lebe, das bin ich nicht – oder: Das bin ich nicht mehr – und das will ich auch nicht mehr sein!

Wir ändern im Laufe des Lebens unseren Geschmack und unsere Einstellungen. Wir sorgen mit neuer Deko für Abwechslung in unserer Wohnung, streichen hin und wieder die Wände neu oder stellen etwas um. Aber auch unsere Seele und unser Geist rufen nach Wandlung, und sie fordern sie über unsere Gefühle ein. Durch welche? Zum Beispiel durch Niedergeschlagenheit, Unzufriedenheit, Langeweile, Einsamkeit oder das Gefühl, dass vieles sinnlos ist. Wir verspüren dann kaum noch Freude. Dafür werden wir ängstlich, unsicher, lustlos und träge – um nur einiges zu nennen. Ihre Gefühle sind Ihre Gradmesser und Richtungsweiser. Und Sie sagen Ihnen: Verändere etwas! Und welcher Zeitraum bietet sich besser an als die Lebensmitte? Denn jetzt ziehen wir ganz unbewusst Bilanz, um eventuell die Weichen noch einmal komplett umzustellen – oder sie zumindest ein wenig zu verrücken.

Einen Neuanfang zu wagen muss keineswegs heißen, von jetzt auf gleich die Tür zu knallen und alles hinter sich zu lassen – auch wenn Sie manchmal das Bedürfnis haben. Doch wenn wir Job oder Beziehung spontan aufkündigen, ist die Sache längst nicht vorbei. Vielmehr geht es dann erst richtig los – und das wissen wir genau. In der Lebensmitte sind wir viel zu besonnen, um im Kurzschluss Entscheidungen zu treffen – was allerdings nicht ausschließt, es je nach Ereignis doch hin und wieder tun zu müssen.

Sollte jedoch zunächst kein äußeres Geschehen der

Auslöser für den Neubeginn sein, so nehmen wir oft erst ein undefinierbares Unbehagen in uns wahr. Wir spüren: »Ich wünsche mir etwas anderes. Aber ich weiß gar nicht genau, was.« Und oft gehen wir dem Gefühl nicht hinterher, weil wir denken: Ich bin doch sowieso festgelegt. Es läuft doch längst alles in festen Bahnen.

Aber wollen Sie wirklich weiterhin Ihre Gefühle ignorieren? Wollen Sie so lange warten, bis etwas von außen über Sie hereinbricht? Schauen Sie doch mal nach Ihren Wünschen. Und sehen Sie sich an, was sie von Ihnen wollen. Sie müssen nichts ändern, wenn Sie nicht wollen! Sie sollen nur einmal hinschauen.

Schreiben Sie dafür einmal auf, was Sie sich wünschen würden:

Ich wünschte, ich könnte beruflich noch mal etwas ganz anderes machen.
Ich wünschte, ich hätte eine sinnvollere Arbeit.
Ich wünschte, ich hätte mehr Freiraum für mich.
Ich wünschte, ich hätte mehr Zeit für mich.
Ich wünschte, ich hätte einen Partner, der mir zuhört.
Ich wünschte, ich hätte mehr Kontakte.
Ich wünschte, …

Das sind zunächst Veränderungswünsche, die immer mal wieder im Kopf herumschwirren und Sehnsüchte wecken. Oft werden sie verworfen und nicht weiterverfolgt. Aber werden Sie zur Entdeckerin. Denn damit Ihre Veränderungswünsche zum Veränderungswillen werden, sollten Sie genauer hinsehen. Fantasieren Sie drauflos – ganz unabhängig davon, ob es Ihnen realisierbar erscheint oder nicht.

Schreiben Sie auf, was Ihnen in den Sinn kommt, wenn Sie denken: »Wenn ich könnte, wie ich wollte …«

Lassen Sie alle Verpflichtungen oder Bindungen, die Sie haben, außen vor. Gehen Sie auf Ihre ganz persönliche Fantasiereise:

- Wenn ich könnte, wie ich wollte, dann würde ich alleine schlafen.
- Wenn ich könnte, wie ich wollte, dann würde ich woanders leben.
- Wenn ich könnte, wie ich wollte, dann würde ich mein Erspartes für … ausgeben.
- Wenn ich könnte, wie ich wollte, dann würde ich meinem Kollegen sagen, was ich von ihm halte.
- Wenn ich könnte, wie ich wollte, dann würde ich kündigen.
- Wenn ich könnte, wie ich wollte, dann würde ich alleine leben.
- Wenn ich könnte, wie ich wollte, dann würde ich eine Kur machen.
- Wenn ich könnte, wie ich wollte, dann würde ich meinen Nachbarn zum Kaffee einladen.
- Wenn ich könnte, wie ich wollte, dann würde ich die Leitungsposition zurückgeben.
- Wenn ich könnte, wie ich wollte, dann würde ich mich selbstständig machen.
- Wenn ich könnte, wie ich wollte, dann würde ich mir mehr Zeit für mich nehmen.
- Wenn ich könnte, wie ich wollte, dann würde ich mehr unter Leute gehen.
- Wenn ich könnte, wie ich wollte, dann würde ich eine Weiterbildung machen.
- Wenn ich könnte, wie ich wollte, dann …

Schreiben Sie auf, was Ihnen in den Sinn kommt, oder tauschen Sie sich einmal spielerisch an einem Frauenabend darüber aus. Lassen Sie sich von Ihrer Fantasie beflügeln. Und horchen Sie in sich. Wie fühlt es sich an?

In der Mitte des Lebens sehnen wir uns vor allem nach mehr Freiheit und Autonomie. Wir fühlen uns auf einmal beengt und wir wollen unserem Leben wieder mehr Sinn geben. Wir merken, dass wir unser Leben nicht mehr so stark nach anderen Menschen richten möchten. Das heißt nicht, dass wir nun rücksichtslos werden. Aber es heißt: Ich möchte mich nicht mehr länger zurücknehmen – das sollen die anderen jetzt einmal tun. Ich möchte endlich mehr Freiraum haben und meinen Gefühlen nachgehen, wenn ich es brauche. Ich möchte jetzt etwas tun, was mir guttut und gefällt, ohne mich zu rechtfertigen. Ich möchte jetzt mal empfangen. Ich bin jetzt mal dran!

Vielleicht haben Sie auch manchmal das Gefühl, dass Sie sich am liebsten von allem befreien und eine Zeit lang alles hinter sich lassen möchten. Bloß weg von allem, ausbrechen, das Leben wieder riechen, spüren, schmecken – genießen. Nur endlich raus aus dem alten Trott.

Vermutlich haben Sie sich dann viel zu oft oder schon sehr lange zurückgestellt. Sie waren für die Kinder da, für den Partner und eine zuverlässige Mitarbeiterin. Sie haben geschwiegen und fünf gerade sein lassen, obwohl Sie sich übergangen fühlten. Sie haben andere reden lassen, obwohl es Sie nervte. Sie haben weggeschaut, obwohl Sie sich gedemütigt fühlten. Sie sind zuhause geblieben, obwohl Sie lieber gearbeitet hätten. Sie sind arbeiten gegangen, obwohl Sie krank waren und fast ausgebrannt sind. Sie haben viel zu oft nicht das getan, was Sie eigentlich tun wollten. Damit haben Sie sich ständig zurückgestellt und über Jahre scheibchenweise immer mehr von sich selbst abgegeben.

War das bei Ihnen so? Falls ja, dann ist es nun vorbei. Die Mitte des Lebens führt Sie zu sich selbst zurück. Jetzt ist etwas anderes dran. Ihre Sehnsucht ruft. Und diese Stimme können und dürfen Sie nicht überhören!

Vielleicht fragen Sie sich jetzt: »War denn nun alles, was ich vorher gemacht habe, schlecht oder falsch? Habe ich in meinem Leben versagt?«

Keine Sorge! Sehnsüchte und Wünsche, etwas Neues zu wagen, besagen keineswegs, dass vorher alles schlecht war. Das, was war, war zu seiner Zeit gut und richtig. Sie hatten Ihre Gründe, dass Sie dieses Leben gelebt haben. Sie konnten damals nicht anders handeln oder reagieren – und Sie wollten es vielleicht auch gar nicht. Manches war schließlich auch ganz angenehm oder bequem. Und einiges haben Sie möglicherweise nicht gewagt, weil Sie sich damals zu unsicher fühlten. Und für anderes war die Zeit noch nicht reif. Mag sein, dass Sie vieles zugunsten anderer zurückgestellt haben. Das war so. Sie haben damals so entschieden und das war richtig, weil es Gründe dafür gab, die für Sie wichtig waren. Würdigen Sie das Vergangene als Teil Ihrer Lebensgeschichte. Reue hat hier nichts verloren. Es gibt immer Lebenszeiten, in denen wir uns zugunsten anderer zurückstellen. Wenn wir nicht dazu bereit wären, wie könnten wir jemals Kinder erziehen?

Aber irgendwann reicht es. Dann ist es genug. Und genau dann ist der richtige Zeitpunkt für einen Neuanfang.

Dann heißt es: Jetzt wünsche ich mir eine Veränderung. Aber vor allem: Jetzt will ich sie und jetzt brauche ich sie!

Wenn Sie das spüren, dann erwächst aus dem Veränderungswunsch langsam ein Veränderungswille:

Schauen Sie sich diesen Prozess erst einmal eine Weile

an. Finden Sie heraus, was Sie genau stört oder belastet. Was genau läuft hier schief? Was genau gefällt mir nicht mehr? Was reicht mir? Worunter leide ich?

> *Werden Sie konkret.*
> *Beruflich: Was stört mich genau? Was genau macht mich unzufrieden?*

- Ich möchte den neuen Aufgabenbereich nicht übernehmen.
- Ich möchte das Büro nicht mit der neuen Kollegin teilen.
- Ich möchte gerne selbstständiger und sinnvoller arbeiten.
- Ich möchte nicht mehr so viel arbeiten.

> *Privat: Was genau stört mich? Was genau macht mich unzufrieden?*

- Ich möchte nicht mehr neben meinem Mann schlafen.
- Ich möchte nicht mehr in dieser Stadt leben.
- Ich möchte nicht mehr so viel alleine sein.
- Ich möchte nicht mehr belogen und betrogen werden.

> *Tauchen Sie nun in Ihre Gefühlswelt ein und fragen Sie Ihre weisen Gefühle ab, die durch Ihren Körper zu Ihnen sprechen:*

- Wie fühlt es sich an, wenn Sie sich vorstellen, den Aufgabenbereich abzulehnen?
- Wie fühlt es sich an, wenn Sie sich vorstellen, wieder zurück in Ihre Heimatstadt zu ziehen?
- Wie fühlt es sich an, sich vorzustellen alleine zu schlafen?

- Wie fühlt es sich an, Ihrer Ehe noch eine Chance zu geben?
- Wie fühlt es sich an, sich vorzustellen, freiberuflich zu arbeiten?
- Wie fühlt es sich an, endlich einen Schlussstrich unter die Beziehung zu setzen?

Hören Sie auf Ihr Gefühl: Was fühlt sich warm an und was befreiend? Ihre Gefühle sagen Ihnen genau, was Sie wollen.

Sind Sie erleichtert und wird es wohlig im Bauch? Fällt Ihnen ein Stein vom Herzen? Sind Sie gerührt? Hüpft Ihr Herz vor Freude? Kommen Ihnen die Tränen? Spüren Sie auf einmal eine starke Sehnsucht? Bekommen Sie Angst?

Nun kennen Sie die grobe Richtung. Das heißt aber noch lange nicht, dass nun der Neuanfang folgt. Denn sobald wir die Erkenntnis gewonnen haben, was wir verändern möchten, stehen schon die ersten Zweifel vor der Tür:

»Unmöglich.«
»Das geht doch nicht.«
»Das kann ich nicht machen«
»Das schaffe ich nicht.«
»Das traue ich mich nicht.«

Diese Reaktionen sind normal. Wir wägen erst einmal ab. Wir haben Erfahrungen mit anderen Menschen, wir haben bestimmte Vorstellungen, wie etwas zu sein hat, und wir hatten schließlich Pläne, wie unser Leben verlaufen soll. Das soll ich ändern? Das soll ich aufgeben? Davon soll ich abweichen?

Unsere Zweifel sind zwar unangenehm, aber es sind auch kluge Berater. Sie schützen uns davor, überstürzt zu handeln. Sie warnen uns, und vor allem: Sie testen uns, wie ernst wir es meinen. Außerdem bereiten sie uns vor, wie wir etwas angehen sollten. Denn wir sind uns mancher Risiken sehr wohl bewusst. Wir hinterfragen: Was folgt darauf? Ein handfester Streit? Eine unsichere finanzielle Situation? Eine dramatische Trennung? Eine weitere Enttäuschung? Eine unsichere Zukunft?

Unsere Zweifel bereiten uns vor, klug und bedacht die Veränderung zu planen.

Einen Neuanfang zu wagen bedeutet, dass Sie mutig Ihr banges Herz in die Hände nehmen und sich auf den Weg machen. Mancher gewagte Schritt kann in einer einschneidenden Entscheidung enden – das muss aber keineswegs so sein. Was tatsächlich geschieht, bleibt immer ungewiss. Manches Mal befürchten wir Schlimmes und es tritt nicht ein. Ein anderes Mal erhoffen wir Gutes und landen in einer Katastrophe. Neu anzufangen heißt daher:

- Ich traue mich.
- Ich überwinde mich.
- Ich mache mich auf den Weg.
- Ich wage den ersten Schritt.

Und wie? Zunächst einmal, indem Sie den Druck herausnehmen. Entscheidungen entstehen. Manche schneller und manche langsam. Es ist ein Prozess, in dem Sie sich befinden, und je einschneidender ein Veränderungswunsch ist, umso mehr Zeit sollten Sie sich für die Entscheidung geben. Unter Druck lässt sich niemals gut entscheiden. Nähern Sie sich Ihrem Ziel dafür langsam an. Lassen Sie es in sich arbeiten. Kaufen Sie sich Bücher zum Thema. Reden Sie mit vertrauten Personen. Fragen Sie andere Menschen, die Ähnliches gewagt haben. Suchen Sie sich eine Beratung, um klarer zu werden, wie Sie es angehen können. Aber bleiben Sie dran! Bleiben Sie bei Ihren Wünschen!

Akzeptieren Sie, dass zunächst zwei Seelen in Ihrer Brust schlagen werden. Sie werden sich mal sicher und mal unsicher fühlen. Sie werden in manchen Momenten ängstlich und dann entschlossen sein. Das ist menschlich. Nur selten sind wir uns hundertprozentig sicher. Doch wenn zwei Vögel auf Ihrer Schulter sitzen, dann füttern Sie nicht den ängstlichen, sondern den mutigen, damit er kräftiger wird, um irgendwann loszufliegen.

Bedenken Sie: Nur Sie selbst entscheiden, ob und wann Sie den ersten Schritt tun. Nur Sie selbst wissen, wann es reicht und endlich genug ist. Aber geben Sie sich die Möglichkeit, sich genau anzusehen, wie Sie Ihre Bedürfnisse umsetzen könnten. Spielen Sie es immer und immer wieder durch. Das Ergebnis lässt sich nicht vorhersehen. Aber der erste Schritt lässt sich planen.

Vielleicht bekommen Sie kein Büro für sich alleine, aber Sie können es mit einer anderen Kollegin teilen.

Vielleicht reagiert Ihr Partner anfangs ungehalten auf Ihren Auszug aus dem Schlafzimmer, aber dann gewöhnt er sich daran.

Vielleicht können Sie die Leitungsaufgabe nicht sofort zurückgeben, aber Sie können sie teilen oder zeitlich befristen.

Vielleicht werden Sie sich nicht gleich trennen, aber eine Paarberatung aufsuchen.

Vielleicht haben Sie nicht sofort einen neuen Freundeskreis, aber Sie kommen durch den Kurs mal wieder unter Menschen.

Vielleicht zieht Ihr Partner nicht sofort mit Ihnen zurück in die Heimatstadt, aber dafür führen Sie eine Zeit lang eine Wochenendbeziehung.

Sie können mit einem Neuanfang immer nur etwas starten, und zwar das, was Ihnen wichtig ist! Wie es sich entwickeln wird, bleibt zu einem großen Teil ungewiss. Denn Ihre Gefühle verändern sich auch in dieser Zeit. Sie bringen Ihnen jedoch nach und nach die Klarheit, die Sie brauchen. Wenn Sie den ersten Schritt wagen, dann tun sich neue Wege auf, die Sie jetzt noch gar nicht kennen. Plötzlich tauchen Menschen auf, die Ihnen heute noch unbekannt sind. Und manchmal fallen wir in helfende Hände, wo wir sie niemals erwartet hätten. Ihr banges Herz wird bleiben. Aber mit jedem einzelnen Schritt schiebt sich der Boden unter Ihre Füße.

Jedem Neuanfang und Veränderungswunsch geht meistens eine mehr oder weniger starke persönliche Krise voraus. In Krisen liegen Chancen, wird uns oft gesagt. Doch in einer Krise leiden wir, und das in der Regel eine ganze Weile. Stellen Sie sich darauf ein, dass vieles seine Zeit braucht. Wie lange, das wissen Sie nicht. Aber wenden Sie sich nicht mehr von dem ab, was für Sie wichtig ist. Wenn eine Tür zugeht, geht eine andere Tür auf. Bedenken Sie: Sie führen kein Leben auf Probe. Sie stecken mittendrin.

Zum Festhalten:
Sie wissen nicht, wohin die Veränderung Sie führt, aber sie bringt Sie aus Ihrer unzufriedenen Situation heraus. Seien Sie mutig! Bewegen Sie sich und machen Sie sich auf den Weg. Neuanfang heißt nicht, sich zu zwingen, aber den ersten Schritt zu überwinden. Der Boden schiebt sich beim Gehen unter die Füße.

Zum Schluss

An dieser Stelle schließe ich nun die Tür und ziehe mich aus Ihrer Gefühlswelt zurück.

Und nun? Nun haben Sie die Wahl. Die Verantwortung liegt bei Ihnen. Für alles, was Sie tun, und für alles, was Sie unterlassen!

Vielleicht haben Sie sich in vielem, was hier geschrieben steht, wiedergefunden. Das ständige Auf und Ab der Gefühle, angefangen von Selbstzweifeln, innerer Unruhe bis hin zu dem Wunsch nach einem Neuanfang. Vielleicht haben Sie wieder einmal besonders stark Ihre Sehnsüchte gespürt, die verschüttet waren oder die ganz plötzlich neu aufgetaucht sind. Denn die Lebensmitte ist vor allem eine sehnsuchtsvolle Zeit, die gerade deshalb nicht immer leicht zu bewältigen ist. Es ist eine gefühlsintensive Zeit, die sich über einen längeren Zeitraum zieht. Stellen Sie sich also darauf ein, dass der Prozess Ihrer Wandlung und Entwicklung noch eine Weile dauern wird. Bringen Sie Zeit und Geduld in Ihr Leben, während Sie nachgiebig mit sich sind, und setzen Sie sich nicht unter Druck. Die Entwicklung lässt sich nicht beschleunigen. Ihre Gefühle folgen ihrem eigenen Tempo.

Versuchen Sie deshalb auch nicht, auf alles sofort Antworten zu finden. Viel wichtiger ist zunächst, dass Sie sich selbst wieder Fragen stellen, und zwar die richtigen. Auch die meisten Entscheidungen müssen keineswegs sofort getroffen werden. Sie sollten zunächst nur entscheiden, aufmerksam und achtsam mit sich umzugehen und sich selbst zu schützen. Sie sind der einzige Mensch, der diese Aufgabe wirklich erfüllen kann.

Nutzen Sie von nun an Ihre wertvollen Lebensjahre, um das Rätsel Ihrer sich wandelnden Gefühle nach und nach zu lösen. Experimentieren Sie mit sich auf eine neue Weise, und wehren Sie sich nicht länger gegen Ihre Sprunghaftigkeit, Wankelmütigkeit, Unruhe oder die negativen Gefühle, die sich immer mal wieder einstellen.

Sie wissen nun, dass es in dieser Zeit vor allem darum geht, Ihre Vielfalt an Gefühlen anzusehen, sie anzunehmen und selbstfürsorglich zu handeln. Und Sie wissen auch, dass dies nicht voraussetzt, dass Sie alles gutheißen müssen, was in Ihnen passiert. Es bedeutet jedoch, dass Sie sich erlauben zu sein, wer Sie sind, was Sie fühlen und was Sie von nun an in Ihrem eigenen Sinne tun werden. Gehen Sie in dieser Zeit also nachsichtig und wohlwollend mit sich um. Sie sind sich selbst gegenüber dazu verpflichtet!

Ganz gleich, ob Ihr Glas gerade halb leer oder halb voll ist, schenken Sie sich nach, wenn Sie es brauchen, und achten Sie darauf, dass Sie nicht verdursten, während die anderen sich an den vollen Krügen bedienen.

Lassen Sie nun das Gelesene auf sich wirken. Lesen Sie sich das, was Sie selbst in Ihr Lebensmitte-Buch geschrieben haben, immer wieder durch und ergänzen Sie es hin und wieder.

Handeln Sie, wie es der jeweilige Moment verlangt und Ihr Gefühl Ihnen sagt. Erinnern Sie sich: Ihre Gefühle sind Ihre Gradmesser und Richtungsweiser. Das Leben mag für Sie im Moment sehr intensiv sein, aber es ist authentisch, weil es Ihr Leben ist. Und vergessen Sie nicht:

Es ist begrenzt. Vertrauen Sie Ihren reifenden Gefühlen. Sie gehören zu Ihnen. Denn alles, was Sie erleben und fühlen, ist ein Teil Ihrer ganz persönlichen Lebensgeschichte. Spüren Sie ihr nach und entdecken Sie, was wirklich für Sie zählt. Ich wünsche es Ihnen von Herzen.

Ihre
Caroline Bohn

Mein inniger Dank gilt

All den Frauen, die sich mir offen mit ihren Gefühlen in zahlreichen Gesprächen gezeigt haben. Danke für Ihren Mut und Ihr Vertrauen!

Meiner Lektorin Imke Rötger – für die anregende und bereichernde Zusammenarbeit. Sie sind warm!

Meinen Liebsten: Heike und Ulrike – Ihr wart da und seid da. In den guten, doch vor allem in den schwersten Zeiten. Jede auf ihre unvergleichliche Art und Weise.

Thomas – der das Erscheinen dieses Buches nicht mehr erleben durfte. Wo immer du jetzt sein magst: Meine Liebe wird dich immer finden.

Empfehlungen und Hinweise

Aron, Elaine N.: Sind Sie hochsensibel? Wie Sie Ihre Empfindsamkeit erkennen, verstehen und nutzen. MVG 2005
Diese umfassende Einführung in das Thema Hochsensibilität gilt als Standardwerk zum Thema.

Birkner, Monika: Kurswechsel im Beruf. Walhalla 2006
Ein hilfreicher Praxisratgeber für die berufliche Neuorientierung in der Lebensmitte.

Bopp, Annette: Wechseljahre. Den eigenen Weg finden. Stiftung Warentest 2010
Ein Ratgeber der Stiftung Warentest über die verschiedenen Erscheinungsformen der Wechseljahre.

Hohensee, Thomas: Gelassenheit beginnt im Kopf. Knaur MensSana 2007
Ein übersichtliches Buch, das zu einem gelassenen Lebensstil anregt.

Lehrhaupt, Linda/Meibert, Petra: Stress bewältigen mit Achtsamkeit. Zur Ruhe kommen durch MBSR. Kösel 2010
Ein praxisnahes Buch zur Übung in Achtsamkeit.

Nuber, Ursula: Das 11. Gebot. Mit Gelassenheit das Leben meistern. Knaur 2010
Ein anregendes Buch, das motiviert, sich von dem Erfolgsdruck und Machbarkeitswahn zu verabschieden.

Peurifoy, Reneau Z.: Angst, Panik und Phobien. Ein Selbsthilfe-Programm. Huber Verlag 2007
Ein Übungsbuch, das nicht nur Ängste, sondern auch Selbstwertprobleme und Perfektionsansprüche behandelt.

Tausch-Flammer, Daniela/Bickel, Lis: Jeder Tag ist kostbar. Herder Spektrum 2000
Ein intensives Buch, das in der Auseinandersetzung mit Krankheit, Tod und der eigenen Endlichkeit anregt, das Wesentliche zu erkennen.

Unger, Hans-Peter/Kleinschmidt, Carola: Bevor der Job krank macht. Kösel 2007
Das Buch beschreibt den schleichenden Prozess in die Erschöpfungsfalle und was dagegen unternommen werden kann.

Zurhorst, Eva-Maria: Liebe dich selbst und es ist egal, wen du heiratest. Goldmann Arkana 2009
Ein Buch, das anregt, in der Partnerschaft eine lohnende Entwicklungschance für sich selbst zu erkennen.

Telefonseelsorge

0800 – 111 0 111
0800 – 111 0 222
Scheuen Sie sich nicht anzurufen, wenn Sie in einer akuten Krise stecken oder sehr verzweifelt sind. Sie können die Telefonseelsorge zu jeder Tages- und Nachtzeit erreichen.

www.psychotherapeuten-liste.de

Falls Sie eine ambulante Psychotherapie machen möchten, so erhalten Sie über diesen Link eine Maske, um Adressen in Ihrer Nähe zu finden.

Ehe-, Familien-, Lebensberatungsstellen

In fast jeder Stadt gibt es Beratungsstellen, die in städtischer oder kirchlicher Trägerschaft liegen und an die Sie sich wenden können. Suchen Sie sich rechtzeitig die Adressen heraus, damit Sie im Fall einer Krise schnell darauf zurückgreifen können.

Kontakt zur Autorin

www.institutbohn.de
E-Mail: info@institutbohn.de

Literatur

Brodersen, Ingke/Zucker, Renée: Werden Sie wesentlich. Die Frau um 50. Piper 2007

Cöllen, Michael: Das Verzeihen in der Liebe. Wie Paare neue Nähe finden. Kreuz 2009

Hochschild, Arlie: Das gekaufte Herz. Campus 1990

Holzhey, Alice: Positive Gefühle, negative Gefühle. Was hält die Seele wirklich gesund? In: Psychologie Heute 05/2008

Moser, Milena: Ich sage Nein – nicht immer, aber immer öfter. In: Brigitte women 12/2010

Nuber, Ursula: Das 11. Gebot. Mit Gelassenheit das Leben meistern. Knaur 2010

Nuber, Ursula: Übergänge: Wenn die Zeit stillsteht. In: Psychologie Heute 12/2008

Peurifoy, Reneau Z.: Angst, Panik und Phobien. Ein Selbsthilfe-Programm. Huber 2007

Potreck-Rose, Friederike: »Sei doch nicht so streng mit dir!« Interview in: Psychologie Heute 11/2006

Reinhardt, Susie: Selbstachtung: Die Anerkennung, die uns abhängig macht. In: Psychologie Heute 11/2006

Roming, Anna: Die Stillen im Lande. In: Psychologie Heute 01/2011

Rosa, Hartmut: Muße braucht Zeit. Interview in: Zeit online 30.12.2009

Rosa, Hartmut: Zu Gast im Deutschlandfunk. Sendung: Journal am Vormittag. Thema: »Ausstieg aus dem Hamsterrad«, 06.01.2011

Schmid, Wilhelm: Die Liebe neu erfinden. Suhrkamp 2010

Schönberger, Birgit: Die Tiefstaplerinnen. Wie Frauen sich durch Selbstzweifel ausbremsen. In: Psychologie Heute 01/2011

Schulze, Gerhard: Kulissen des Glücks. Streifzüge durch die Eventkultur. Campus 2000

Skarics, Marianne: Sensibel kompetent. Zart besaitet und erfolgreich im Beruf. Festland 2007

Stallberg, Friedrich, W.: Das Altern der Gefühle: Emotionsprobleme in der ergrauenden Gesellschaft. In: Reichert, Monika et al. (Hg.): Was bedeutet der demografische Wandel für die Gesellschaft? LIT 2007

Weber, Christian. Gemischte Gefühle. Die Sehnsucht. Emotionale Zwischenstation. In: Süddeutsche Zeitung, 25.06.2010
Wilhelm, Klaus: Ach, die Sehnsucht. In: Psychologie Heute 6/2009
Wolf, Axel: Einfach abschalten. In: Psychologie Heute 01/2007
Zschirnt, Christiane: Wir Schönheits-Junkies. Plädoyer für eine gelassene Weiblichkeit. Goldmann 2008